KB038364

얄팍한 교통인문학

일러두기

이 책은 한국교통연구원에서 발간하는 『월간 교통』에

'교통인문학'이라는 제목으로 2013년부터 연재했던 칼럼을 재구성한 것입니다.

당신이 궁금했던 **탈것**의 **역사**와 **문화**

얄팍한 교통인문학

길을 떠나기 전에

움직이는 것만으로도
행복할 수 있다

원래는 돌아다니는 걸 무척 싫어했다. 어릴 때부터 남들보다 발이 작고 평평했던지라 조금만 걸어도 피곤했다. 나는 늘 움직임을 최소화했다. 바깥보다 집이 편했고, 떠나는 것보다 머무르는 것이 좋았다. 자연히 낯선 공간에 가는 일도 드물었다. 사는 세상은 좁았으나 불편함을 몰랐다. 더 넓은 세상에서 나를 돌아본 적이 없었기 때문이다. 정체된 삶을 움직인 것은 우연히 구입한 중고 스쿠터였다. 처음에는 출퇴근이 목적이었지만 시간이 지날수록 목적지는 사라졌다. 틈만 나면 어디든 떠났다. 사람을 만나거나 맛있는 걸 먹겠다는 건 핑계였다. 나는 스쿠터를 타기 위해 이런 저런 구실을 만들었다. 처음이었다. '움직이는 것만으로도 행복할 수 있구나' 그런 생각이 들었다. 그렇게 작은 스쿠터 하나가 내가 사는 세상의 지도를 바꿔 놓았다.

이듬해 나는 세 번의 낙방 끝에 2종소형 면허증을 취득하고 낡은 250cc 모터사이클 한 대를 구입했다. 아버지에게 오래된 자동차도 물려받았다. 어쩌다 이륜차와 사륜차를 동시에 관리하면서 나는 이런 탈것들이 왜 만들어졌고 어떻게 발전해 왔는지 궁금해졌다. 사소한 것의 이야기에 집착하는 내 성격 탓이리라. 2012년에 냈던 게임평론집 『게임, 게이머, 플레이』 역시 비디오게임의 역사에 대한 관심에서 시작된 작업이었다. 나는 탈것과 관련된 이런저런 자료들을 읽으면서 조금씩 글을 썼다. 연재를 시작한 것이 결정적이었다. 『얄팍한 교통인문학』은 한국교통연구원에서 발간하는 『월간 교통』에 '교통인문학'이라는 제목으로 2013년부터 연재했던 칼럼을 재구성한 것이다. 단행본으로 엮는 과정에서 아예 처음부터 새로 쓴 것들도 있다. 연재 당시 교통 분야 전체를 아우르다 보니 자동차나 모터사이클뿐만 아니라 선박이나 항공기, 나아가 교통시설과 시스템까지 폭넓게 다룰 수밖에 없었다.

나는 바퀴 달린 탈것을 좋아할 뿐 교통전문가는 아니다. 때문에 글을 쓰는 과정에서 다른 전문가들의 여러 자료들을 검토하고 가급적 '인문학' 타이틀에 어울릴 만한 내용으로 다듬었다. 사실 깊이 있게 쓰려면 여러 교통수단을 각각 책으로 묶어도 부족할 것이다. 한정된 지면에 많은 지식을 담다 보니 지나치게 전문적인 내용은 생략하거나 축약했다. 교통이라는 주제가 일반인들, 특히 운전을 하지 않는 사람들에게는 낯선 것도 이유라면 이유다. 설명이 부족한 부분이 있다면 그것은 저자의 역량이 모자란 탓이니 미리 양해를 구한다. 대신 부족한 깊이는 폭과 넓이로 채웠다. 여러 교통 분야의 이야기를 다루되 가급적 이해하기 쉽게 풀어쓰려고 노력했다. 이 책의 '얄팍한'이라는 수식어는 저자의 얇은 지식에 대한 고백이자 일반 독자들도 부담 없이 읽을 수 있도록 간추렸다는 메시지다.

1부에서는 거시적인 측면에서 교통의 역사를 다뤘다. 아무런 도구 없이 이동하는 걷기에서부터 가축, 자전거, 철도, 선박, 항공기, 그리고 미래의 무인자동차에 이르기까지 인류가 발전시켜온 교통수단의 흐름을 시대 순으로 담아보고자 했다. 2부에는 미시적인 측면에서 교통과 연관된 혁신적인 발명 혹은 발견들을 수록했다. 타이어나 안전벨트처럼 교통수단과 직접 닿아 있는 것들도 있지만 기계식 시계나 라디오처럼 살짝 스쳐가는 것들도 있다. 어렵고 복잡한 기술보다는 일상에서 흔히 접할 수 있는 소품들을 소재로 골랐다. 마지막 3부는 영화, 드라마, 만화, 게임 등 대중문화 안에 등장하는 교통 관련 이야기다. 각 콘텐츠 안에서 교통수단이 어떤 역할을 하며 그것이 의미하는 바는 무엇인지 풀어냈다.

　책을 쓰면서 스쿠터를 탔던 내 사소한 경험이 실은 인류가 오래 전부터 쌓아온 경험의 일부라는 것을 알았다. 인간은 더 넓은 세상으로 나아가기 위해 새로운 탈것을 찾아냈다. 아니, 탈것이 있었기 때문에 더 넓은 세상으로 나아갈 수 있었다. 그리고 새롭게 발견한 공간은 길이 되었다. 나 역시 스쿠터를 만나지 않았다면 여전히 좁은 세상을 살아가고 있을지 모른다. 작은 스쿠터 덕분에 나는 새로운 길을 찾았다. 미디어가 우리의 신체와 감각을 확장시키듯이 탈것은 우리의 공간과 경험을 확장시킨다. 그래서 교통은 그 자체로 소통이 된다. '교통인문학'이라는 제목에 대한 책임감 때문에 일부 글에서는 탈것에서 조금 더 나아가 사람과 인생에 대한 이야기를 담았다. 처음에는 억지스럽지 않을까 걱정했지만 그것은 기우였다. 글을 쓰는 내내 탈것과 인생은 서로 톱니바퀴처럼 맞물려 움직였다. 그럴 수밖에. 우리의 삶도 어디론가 계속 굴러가고 흘러가는 것이니까. 그러니 모든 움직이는 것들에게 감사할 일이다.

마흔을 넘길 무렵 나는 베스파를 구입했다. 문득 함께 늘어갈 친구 같은 스쿠터가 필요하다고 생각했고, 거기에 가장 부합하는 모델이 베스파 PX125 모델이었다. 이 친구는 나와 똑같이 1977년 태어났고 초기 베스파의 모습을 가장 잘 간직하고 있다. 모양은 물론이고 기술적으로도 1970년대에서 크게 달라진 것이 없다. 차체가 대부분 쇳덩어리로 만들어졌고, 자동변속기가 없어서 여전히 왼손으로 기어를 조작해야 한다. 여러모로 느리고 불편한 구식 모델이었지만 한편으로는 그렇기 때문에 가치가 있다고 생각했다. 세상 모든 것들이 시간이 흐르면 언젠가 낡은 존재가 된다. 그렇다면 처음부터 낡은 것을 선택하는 것이 그 대상을 가장 오래 간직하는 방법이 아닐까? 어쨌든 베스파를 구입한 이후로 나는 오래된 것들이 좋아졌다. 사소한 흠집에도 관대해졌다. 그 모든 것이 내가 살아가는 시간의 흔적이기 때문이다. 아마도 세월이 흐를수록 멋지게 녹슬어갈 것이 분명하다. 비록 지금은 얄팍하지만 이 책도 그렇게 녹슬어가며 깊어지면 좋겠다.

책이 나오기까지 도움을 준 사람들이 참 많다. 먼저 지난 5년 동안 지면을 허락해 준 한국교통연구원에 인사를 전하고 싶다. 원고를 책으로 펴내도록 용기를 준 크레파스북 장미옥 사장님, 책을 예쁘게 꾸

며준 정미현 팀장님, 부족한 글을 꼼꼼하게 챙겨준 표수재 팀장님께 고마움을 전한다. 세상에서 가장 멋진 그림으로 문장의 여백을 풍성하게 채워준 아내 김지혜 작가 그리고 사랑하는 딸 나원이와 아들 도원이에게도 고맙다. 아이들이 훗날 이 책을 보면서 더 넓은 세상으로 걸어갈 용기를 얻었으면 한다. 책이 마무리되면 아마도 우리 가족은 잠시 여행을 떠날 것이다. 세상에서 가장 아름다운 길은 가족과 함께하는 길이라 믿는다.

2018년 11월
이 상 우

교통,
인류의 삶을 바꾸다

대중문화로 만나는
교통

교통,

인류의 삶을 바꾸다

낯선 공간에
길을 열다

　　　　　　　　　　'교통'은 때로 '고통'이 된다. 서울 도
심의 정체구간에서 몇 시간 동안 운전하면 그 고통을 체험할 수 있다.
가속페달과 브레이크페달을 번갈아 밟다보면 발목의 통증이 어느새
어깨까지 올라온다. 길게 늘어선 줄, 빈틈으로 무섭게 끼어드는 차량,
사방에서 들려오는 경적 소리. 나도 모르게 신경이 예민해지고 눈빛
은 날카로워진다. 가끔, 운전을 하면서 생각한다. 자동차가 과연 나를
자유롭게 해주는 걸까?

　하지만 이런 생각은 도시인의 배부른 투정일 뿐이다. 자동차뿐 아
니라 기차, 항공기, 선박 등 각종 탈것들은 먼 거리를 더 빠르고 편하
게 잇는 문명의 선물이다. 교통은 사람과 사람 사이의 거리를 좁히고,
나아가 인류 전체의 삶과 경제, 문화에도 많은 변화를 가져다주었다.
예컨대 기차와 자동차는 대도시 노동자들의 출퇴근 문화를 바꾸었고,
컨테이너 화물선은 세계 각국의 물건을 저렴한 가격에 구입할 수 있

　　　　　　　　　　　　　　　　　　　　　　　　얄팍한 교통인문학

도록 하였으며, 항공기는 누구나 지구 반대편으로 훌쩍 떠날 수 있게 만들었다. 우리가 살고 있는 세계는 수많은 탈것들의 궤적 위에서 만들어진 것이다.

갇힌 사회에서 열린 사회로

그렇다면 교통이라는 개념은 언제부터 인간 사회에 뿌리내리기 시작했을까? 인류에게 교통은 공간의 제약을 극복하는 방법이자, 거리의 문제를 해결하는 치열한 과정이었다. 정착생활을 시작하고 주거지가 확대됨에 따라 이동해야 할 거리도 점차 늘어났다. 공동체가 부족 단위 정도로 작았던 시절에는 걷기, 뛰기, 수영 등 인간의 신체활동만으로도 웬만큼 이동이 가능했다.

하지만 국가 단위로 공동체의 범위가 비약적으로 넓어지면서 인간의 힘만으로는 목적지까지 원하는 시간 안에 도착하기가 어려워졌다. 산맥이나 사막으로 막힌 두 지역이 서로 교류한다는 것은 거의 불가능에 가까웠다. 이동의 제약은 소통의 제약을 의미했으며, 이는 공간과 공간의 단절로 이어졌다. 그래서 역사적으로 거대한 제국들은 통치체제를 유지하기 위해 교통망부터 구축하고자 했다.

고대 로마제국만 하더라도 길을 통해 통치영역을 확대하였다. "모든 길은 로마로 통한다." 이 유명한 문장은 로마제국을 중심으로 당시 교역과 문화가 발전했다는 것을 말해준다. 로마인들은 도로와 같은 국가 인프라가 사람다운 생활에 필요한 기본 요소라고 생각했다. 또한 세금을 받는 국가가 당연히 수행해야 할 의무라고 여겼다.

『로마인 이야기』의 저자 시오노 나나미는 '열린 사회'와 '갇힌 사회'를 나누는 기준으로서 '길'을 언급한 바 있다. 그녀의 말에 따르면, 길을 놓는다는 것은 단순히 공간을 연결하는 것을 넘어, 누군가 길을 통해 들어올 수 있고 또한 그 길을 통해 바깥으로 나갈 수 있다는 것을 의미한다. 즉 외부 세력의 침입이나 새로운 변화를 두려워한다면 결코 길을 열 수 없는 것이다.

이러한 관점에서 볼 때 로마제국은 외부에 대한 두려움이 없는 열린 사회였다. 그들은 기원전 3세기부터 500여 년 동안 372개 노선에 걸쳐 약 8,500㎞의 간선도로를 건설했다. 지선도로까지 합하면 무려 15만㎞에 이른다. 역사학자들은 "로마가 강했기 때문에 도로를 건설한 것이 아니라 도로를 건설했기 때문에 강했다"고 말한다. 제국 전역을 연결한 도로망 덕분에 로마는 군사 · 경제 · 문화적으로 다른 국가보다 우위에 설 수 있었다.

동양과 서양을 이어준 실크로드

과거에는 먼 거리를 이동하는 사람이 드물었다. 생산 활동은 대부분 마을 안에서 이루어졌고, 여행은 일부 지배계급의 사치일 뿐이었다. 그리고 사회가 발전함에 따라 경제적인 이유로 여행길에 오르는 사람들이 있었다. 바로 상인들이다. 이들이 교역을 위해 싣고 다니던 물건들이야말로 교통의 존재이유였다.

옛 상인들의 교통수단은 가축이었고, 그들이 가축과 함께 다니던 곳은 시간의 발자국이 쌓이며 길이 되었다. 이런 교역로 중에서 동양과 서양을 이어주던 가장 유명한 길이 실크로드(Silk Road)이다. 실크로드는 고대 중국과 서역 간에 비단을 비롯하여 정치 · 경제 · 문화를 이어 준 교통로를 말하며, 독일의 지리학자 리히트호펜(Ferdinand. Richthofen)이 이를 '비단길(Seidenstrassen)'이라고 명명하면서 본격적으로 연구되기 시작했다.

오늘날 실크로드는 중국에서 중앙아시아와 서아시아를 거쳐 이스탄불과 로마에 이르는 교역로 전체를 의미한다. 이 길을 통해 중국의 비단, 칠기, 도자기 같은 물품과 양잠, 화약, 제지 같은 기술이 서양으로 전해졌다. 특히 종이 제조술은 유럽의 인쇄술 발달과 지식 보급의 원동력이 되었다. 반대로 중국으로도 서양의 여러 기술이 유입되었는데, 중국의 천문과 역학은 바빌로니아와 인도 지역의 영향을 크게 받았다. 실크로드의 역사적 의의는 문화적인 측면에서도 발견할 수 있다. 인도의 불교가 이 길을 통해 중국, 우리나라, 일본으로 전래되었으며, 그밖에 여러 종교와 문화가 실크로드를 따라 세계 각지에 전파되었다. 실크로드는 결코 비단처럼 매끄러운 물리적 도로가 아니다. 그것은 옛 상인들의 흔적이며, 전 세계의 문화를 이어준 그들의 거친 발자국이다.

가지 않은 길에 대한 열망

교통이 성립되기 위해서는 세 가지 요소가 필요하다. 첫째는 사람이나 화물처럼 이동할 '주체', 둘째는 자동차나 비행기처럼 이를 운반할 수 있는 '수단', 셋째는 그 교통수단이 움직이거나 정박할 수 있는 도로·항구 등의 '시설'이다. 교통의 주체는 과거나 지금이나 크게 변한 것이 없다. 여전히 이동하는 것은 사람 혹은 화물이다. 하지만 이 둘을 실어 나르는 '수단'과 그 기반이 되는 '시설'은 눈부신 발전을 이루었다. 대부분의 진화는 19세기부터, 구체적으로는 증기기관차가 발명된 1825년 이후부터 급격히 전개되었다.

역사를 돌이켜 보면 교통수단과 교통시설은 언제나 함께 발전했다. 증기기관차가 발명되면서 유럽에 본격적으로 철길이 놓이기 시작했고, 자동차가 대중화되면서 고속도로도 함께 뻗어나갔다. 항공기의 역사는 곧 공항의 역사이기도 하다. 기차, 자동차, 선박, 항공기 등 각 교통수단의 진화 과정은 꽤 복잡하지만 공통적으로 추구하는 것은 '길'이었다. 교통이란 결국 공간에 사람과 화물이 다닐 수 있도록 길을 내는 과정이다. 지상의 길이든, 바다의 길이든, 하늘의 길이든 그 의미는 변하지 않는다.

그리고 '길'이라는 단어는 어떤 곳으로 가는 여정, 삶의 방향이나 목적, 사람의 도리, 방법이나 수단 등 다양한 의미로 확장된다. 이것은 사람들이 오랫동안 길 위에서 자신의 운명을 개척했으며, 새로운 길을 발견하기 위해 헤맸다는 것을 의미한다. 길의 여러 의미 안에 인류가 걸어온 길이 담겨 있는 셈이다.

　미국의 시인 로버트 프로스트(Robert Frost)는 〈가지 않은 길〉이라는 작품에서 이렇게 노래했다. "두 갈래 길이 숲 속으로 나 있었다, 그래서 나는 사람이 덜 밟은 길을 택했고, 그것이 내 운명을 바꾸어 놓았다." 과거 수많은 사람들이 더 빠르고 효율적인 교통이 무엇인지 고민했다. 그것은 가보지 않은 새로운 길을 발견하는 일이었으며, 삶을 더 나은 방향으로 움직이기 위한 몸짓이었다. 오늘날 정교한 교통 시스템은 단지 기술만으로 완성되지 않는다. 그보다 더 중요한 것은 누구도 가지 않은 길을 걷고 싶다는, 간절한 바람이 아닐까?

길은 단순히 도로를 의미하기도 하지만
때로는 어떤 곳으로 가는 여정, 삶의 방향이나 목적, 사람의 도리,
방법이나 수단 등 다양한 의미로 확장된다.

얄팍한 교통인문학

걷기,
가장 인간적인 움직임

　　　　　　　　　　인류 최초의 교통수단은 자신의 두 다리로 걷는 것이었다. 그것은 신체에너지를 운동에너지로 바꾸는 것으로, 지금도 다른 탈것들을 보완하는 훌륭한 이동수단이다. 걷기는 다양한 교통수단 사이에 존재한다. 예컨대 자동차가 있다고 걷는 행위가 사라지는 것은 아니다. 대문을 나서 주차장까지 이동하고, 차에서 내려 목적지까지 이동하기 위해서는 걸어야만 한다.

　걷기에는 어떠한 준비과정도 필요 없다. 원하는 방향으로 그저 발을 내딛기만 하면 된다. 어떤 교통수단도 걷기만큼 단순하고 직관적이지는 않다. 그래서 가까운 거리라면 걷는 것이 훨씬 빠르고 효율적이다. 주차를 하거나 대중교통을 기다리는 것은 생각보다 꽤 많은 시간을 잡아먹는다. 가까운 곳을 갈 때 차로 이동하는 사람보다 걸어간 일행이 먼저 약속장소에 도착하는 경우도 적지 않다.

　아라이 료지의 그림책 『버스를 타고』에는 길에서 버스를 기다리는 한 소년이 있다. 소년은 라디오를 켜고 버스를 기다리면서 수많은 사람들을 본다. "룸룸파룸 룸파룸~!" 라디오의 멜로디를 따라 사람들이 뭔가를 타고 소년 앞을 지나간다. 오랜 기다림 끝에 마침내 버스가 도착하지만 소년이 탈 수 있는 자리가 없다. 허나 버스를 타야만 떠날 수 있는 것은 아니다. 결국 소년은 걷기로 하고 즐겁게 길을 나선다. 때로는 우직하게 걷는 것이 목적지에 가장 빨리 도착하는 방법이다.

두 다리로 양손을 얻다

그럼 인간은 언제부터 어떻게 뒷다리만 사용하여 등을 꼿꼿하게 세우고 걷기 시작했을까? 가장 설득력을 얻는 주장은 급격한 기후변화로 인해 거주 환경이 숲에서 초원으로 바뀌면서 인간의 이동 방식도 나무타기에서 걷기로 바뀌었다는 견해다. 최근에는 지각변동으로 노출된 바위지형과 가파른 협곡이 직립보행의 원인이라는 연구도 있다.

이유가 무엇이든 외부환경의 변화가 인간을 걷지 않을 수 없도록 만들었고, 그렇게 시작된 직립보행이 인류의 진화에 매우 큰 영향을 미친 것만은 분명하다. 인류에게 걷기가 특별한 것은 그 행위로 인해 앞다리가 자유로워졌기 때문이다. 할 일이 없어진 두 앞다리는 물건을 잡거나 부술 것을 찾다가 점차 손으로 진화했다. 손을 자유자재로 사용하면서 인간은 도구를 만들 수 있게 되었으며, 이는 두뇌 발달에도 영향을 주었다. 따라서 생각하는 인간, 호모 사피엔스(Homo sapiens)는 직립에서 시작되었다 해도 과언이 아닐 것이다.

오늘날 우리는 걷기에 익숙하다. 그래서 평범해 보이는 걷기의 메커니즘이 실은 얼마나 정교하게 이뤄지는지 알지 못한다. 걷기 위해 가장 먼저 해야 하는 것은 균형을 잡는 일이다. 이것이 얼마나 어려운지는 아이가 처음 걸음마를 시작하는 것을 보면 알 수 있다. 로제 폴 드루아(Roger-Pol Droit)는 『걷기, 철학자의 생각법』에서 걷기의 어려움을 다음과 같이 설명한다. "걷기 위해서는 우선 두 발로 선 자세에서 한쪽 다리를 들어 앞으로 던지듯 내밀어야 한다. 그러면 몸은 균형을 잃고 앞으로 추락한다. 추락하는 중 뒷다리를 끌어다가 내민 발 앞으로 옮겨야만 추락을 만회하고 균형을 잡을 수 있다." 이렇게 쓰러짐과 추락의 공포를 극복하고서야 비로소 인류는 두 발로 걸을 수 있었다.

걸으며 생각하며, 다시 걸으며

오늘날 실용적인 관점에서 보면 걷기는 비효율적인 교통수단이다. 하지만 걷기의 진정한 매력은 '이동'이라는 목적 너머에 있다. 걷기는 육체적 건강과 정신적 안정감을 동시에 만족시키는 행위이다. 많은 철학자들이 산책을 즐기고, 걷기를 예찬했던 이유는 그 과정 속에서 깊은 생각과 깨달음을 이끌어낼 수 있었기 때문이다.

칸트는 규칙적으로 산책을 즐긴 철학자로 유명하다. 그는 하루도 빠짐없이 늘 정해진 시간에 똑같은 길로 혼자 산책을 나섰다. 육체가 걷기 행위를 통해 단순한 리듬을 반복하면서 그의 정신은 깊은 사유의 세계로 천천히 걸어갈 수 있었던 것이다. 같은 신체활동을 반복하면서 정신을 집중시키는 사례는 산중의 사찰에서도 찾아볼 수 있다. 스님들은 새벽마다 108번의 절을 하면서 깨달음을 얻는다.

걷기는 마치 108배를 하는 것처럼 규칙적으로 신체를 움직이는 행위다. 왼발과 오른발을 번갈아 움직이는 동안 심장박동과 호흡이 빨라지고 뇌세포 역시 자극을 받는다. 여기에 더하여 걷는 동안 햇빛, 바람 그리고 주변의 풍경들이 오감을 자극한다. 걷기의 리듬은 생각의 리듬을 만들고 자연풍광을 통해 그 리듬은 더욱 증폭된다. 그래서 창의적인 일을 하는 사람일수록 걷기를 게을리하면 안 된다. 새로운 생각은 자주 걷고 여행하는 과정에서 자신도 모르게 불쑥 튀어나오기 때문이다.

레베카 솔닛(Rebecca Solnit)은 『걷기의 인문학』에서 "보행은 수단인 동시에 목적이며, 여행인 동시에 목적지"라고 말했다. 걷기는 인류 진화의 시작이었고, 지금도 수많은 사람들이 걷기를 통해 자신의 사유를 진화시키고 있다.

육체가 걷기 행위를 통해 단순한 리듬을 반복하면서
그의 정신은 깊은 사유의 세계로 천천히 걸어갈 수 있었다.

야생의 짐승을
길들이다

농경생활을 시작하면서 인간은 생존에 필요한 짐승을 가축으로 길들였다. 처음에는 고기나 젖을 얻기 위해서였으나 나중에는 가축의 '노동력'이 더 중요한 이유가 되었다. 인간은 말, 낙타, 당나귀 같은 가축의 힘을 빌려 무거운 짐을 손쉽게 나르거나 가축의 등에 올라타 빠르게 먼 거리를 이동할 수 있었다. 즉 가축은 여객과 물류를 동시에 해결한 최초의 교통수단이었다.

가축을 길들이면서 인간은 더 넓은 세상으로 나아갈 수 있는 자유를 얻었다. 반면 가축들은 인간에게 자유를 선사한 만큼 자신의 자유를 잃어버렸다. 일방적으로 강요된 것은 아니었다. 인간은 생존하기 위해 가축을 길들였고, 자연에 적응하지 못한 일부 짐승들이 인간의 제안을 받아들였다. 노동력을 얻고자 하는 인간과 야생의 척박한 환경에서 살아남으려는 짐승, 이 둘의 이해관계가 맞아떨어지면서 가축의 역사는 시작되었다.

얄팍한 교통인문학

당나귀의 짐, 낙타의 걸음

처음 가축을 길들일 때는 사람이 타기 위한 목적보다 짐을 싣기 위한 목적이 더 컸다. 특히 교역을 하려면 먼 거리까지 이동해야 했기에 옛 상인들은 가축의 노동력을 이용할 수밖에 없었다. 기원전 4000년 무렵부터 길들여진 당나귀는 먼 곳까지 짐을 나르며 도시와 문명을 연결시킨 중요한 가축이었다. 즉 당나귀는 고기와 젖을 얻기 위해 길들여진 소나 양과 달리 처음부터 노동력을 얻기 위해 길들여졌다. 실제로 고대 이집트에는 당나귀를 타고 다니는 무역상이 존재했는데, 그들은 수백 마리의 당나귀를 이용해 시하라 사막을 오가며 무역을 했다. 지금도 북아프리카나 남미의 고산지역에서는 여전히 화물수송에 당나귀가 사용되고 있다. 수천 년 동안 인간의 노동을 도와준 고마운 짐승이다.

한편 서아시아의 사막 지역에서는 낙타가 화물운송을 맡았다. 단봉낙타는 대략 150㎏의 짐을 싣고 하루에 40㎞ 정도 이동할 수 있을 만큼 탁월한 장거리 이동 능력을 갖고 있다. 당나귀가 100㎏의 짐을 싣고 하루 3~4시간 정도 이동하는 것과 비교하면 수송량이나 이동시간에서 낙타가 크게 앞선다. 게다가 물을 마시지 않고 몇 주 동안 버틸 수 있다는 것도 낙타가 사막을 이동하는 데 큰 장점이 된다. 이런 이유로 낙타는 '사막의 배'라고 불렸으며, 바닷길이 열리기 전까지 사막과 황야를 횡단할 수 있는 거의 유일한 교통수단이었다.

낙타는 비록 속도는 느리지만 일정한 보폭으로 오랜 시간 지치지 않고 걸을 수 있다. 가도 가도 모래뿐인 길을 완주할 수 있는 가장 현명한 방법이다. 신경림 시인의 〈낙타〉라는 작품이 있다. 시인이 노래했듯이 낙타는 "별과 달과 해와 모래밖에 본 일이 없다." 그래서 "슬픔도 아픔도 까맣게 잊었다는 듯" 걸어갈 것이다.

말에 올라탄 인간

말이 언제 어디서 가축으로 자리를 잡았는지는 아직 정확히 밝혀지지 않았다. 다만 연구자들은 말이 처음 길들여진 지역으로 유라시아 초원을 주목한다. 1990년대 초 카자흐스탄 북부에서 가축을 집단으로 기르던 흔적이 발견되었는데, 이때 발굴된 뼈의 상당수가 말의 뼈였다. 이를 통해 이 지역에서 대량으로 말이 사육되었음을 알 수 있다.

물론 말이 처음부터 수송을 위해 길들여진 것은 아니었다. 최초의 목적은 다른 가축들과 마찬가지로 '식용'이었다. 말은 발굽으로 얼음과 눈을 헤치며 스스로 풀을 뜯고 물을 마실 수 있다. 그래서 겨울철에 효율적으로 인간의 육식 욕구를 해결해 줄 수 있었다. 하지만 말에 올라타면서부터 이런 식용 관계에 극적인 변화가 찾아왔다. 말의 재빠른 이동능력 덕분에 인간이 거리의 문제를 실질적으로 극복할 수 있게 된 것이다.

인간이 굳이 말에 올라탄 이유는 무엇이었을까? 데이비드 앤서니

얄팍한 교통인문학

(David Anthony)는 『말, 바퀴, 언어』에서 "기마의 함축적 의미는 가축 무리의 관리 자체"라고 설명했다. 즉 가축의 무리를 보다 효율적으로 관리하기 위해 인간은 말 위에 올라탔다는 것이다. 실제로 말을 타면 걷는 것보다 훨씬 더 많은 가축을 동시에 통제할 수 있으며, 이는 생산성을 크게 향상시켰다. 목축에 있어서 당시 말이라는 존재는 산업시대의 증기기관처럼 가축의 대량생산을 가능하게 해준 셈이다.

본격적으로 말이 주목받은 것은 전쟁 때문이었다. 말을 타는 데 필요한 여러 도구 중 '등자'라는 것이 있다. 기원전 4세기 무렵 개발된 등자는 말을 탈 때 발을 디디는 도구로서 사람이 말 위에서 자유롭게 움직일 수 있도록 도왔다. 아울러 이 시기에 작고 가벼운 활이 등장하면서 기수가 말 위에서 몸을 돌려 뒤쪽으로 화살을 쏘는 것이 가능해졌다. 활을 쏘는 기마병은 더욱 강력해졌고, 전쟁의 흐름을 바꾸는 데 큰 역할을 했다. 몽골의 칭기즈칸이 거대한 제국을 건설할 수 있었던 것도 그 바탕에는 말을 지배하는 힘이 있었기 때문이다.

길들인다는 것의 의미

생텍쥐페리의 소설 『어린왕자』에서 여우는 왕자에게 '길들인다는 것'의 의미는 '관계를 맺는 것'이라고 말해준다. "네가 나를 길들인다면 나는 너에겐 이 세상에 오직 하나밖에 없는 존재가 될 거야." 오래 전의 가축은 인간의 교통수단으로써 단순히 이동하기 위한 도구가 아니라 친구 같은 동반자였다. 그리고 인간의 노동을 대신하는 고마운 존재였기에 인간은 가축이 지치거나 병들지 않도록 정성껏 돌보았다.

요즘은 운전면허만 있으면 자동차를 운전해서 어디든 이동할 수 있지만 말을 타고 움직이기 위해서는 길들이는 과정이 필요했다. 다른 존재의 힘을 빌리는 것은 그리 간단하지 않았다. 새끼 때부터 물과 먹이를 주며 키우고, 어느 정도 자랐을 때 고삐를 매고 재갈을 물려 사람을 태울 준비를 시킨다. 그래도 처음 인간을 등에 태운 말은 놀라서 발버둥을 친다. 낯선 존재를 떼어내려는 짐승과 그것을 길들이려는 인간의 힘겨루기가 시작된다. 끝까지 고삐를 쥐고 버텨야 비로소 말은 자신의 등을 인간에게 허락한다. 그리고 서로 신뢰관계를 쌓으면서 보다 빠른 말로 성장한다. 그렇게 인간은 말을 길들인 시간만큼 말을 타고 멀리 떠날 수 있었다.

별을 떠나는 어린왕자에게 여우는 이렇게 말했다. "네 장미꽃을 그토록 소중하게 만드는 건 그 꽃을 위해 네가 소비한 그 시간이란다."

얄팍한 교통인문학

"네가 나를 길들인다면 나는 너에겐 이 세상에 오직 하나밖에 없는 존재가 될 거야."

인류의 역사를 움직인
바퀴

아이를 태우고 유모차를 끌다가 갑자기 바퀴가 고장 나서 쩔쩔맨 적이 있다. 손쉽게 굴러가던 모든 것들이 내 힘으로만 움직이는 게 아니라는 것을 깨닫는다. 바닥에서 바퀴가 온몸으로 구르며 땅을 밀어낸다는 것을, 사람은 그저 바퀴가 움직이도록 도와줄 뿐이라는 걸 말이다. 네 개의 작은 바퀴가 지면과 맞닿아 구르는 동안 아이와 짐들이 이쪽 공간에서 저쪽 공간으로 이동한다. 유모차부터 자동차에 이르기까지 운동에너지의 극적인 변화를 우리는 일상의 매순간마다 경험한다.

오늘날 이동수단에는 다양한 기계적 메커니즘이 담겨 있는데, 그중에서도 바퀴는 지면의 물체를 움직이게 하는 핵심 요소이자 역사적으로 가장 오래된 기계 장치 중 하나다. 인간은 신체적 한계를 극복하고 이동의 자유를 얻기 위해 다양한 영역을 탐구했다. 가축을 길들인 것이 자연에서 이동수단을 우연히 '발견'한 것이라면, 바퀴는 이동에 필요한 도구를 '발명'한 것이었다. 그리고 가축이라는 자연물과 바퀴라는 인공물은 훗날 마차라는 형태로 자연스럽게 결합했다.

바퀴는 어디에서 굴러왔을까?

흔히 바퀴는 고대 메소포타미아 지역에서 처음 발명되었다고 알려져 있다. 하지만 이 지역에서 바퀴를 사용했다는 것은 그림문자 등 여러 자료를 통해 추정된 것일 뿐, 물리적인 증거는 발견되지 않았다. 무엇보다 메소포타미아 지역에서 바퀴는 대중적이지 않았으며, 실용적인 목적보다는 지배계급의 과시 목적으로 활용되었다는 견해도 있다. 즉 당시의 바퀴는 왕이나 사제의 위엄을 나타내기 위해 사용되었다는 것이다.

바퀴의 성능을 끌어내기 위해서는 바퀴 이외에 다른 요소들이 필요하다. 바퀴가 적당한 마찰력으로 굴러갈 수 있는 도로 그리고 바퀴 달린 운송수단을 끌 수 있는 노동력이 있어야 한다. 노동력을 제공한 것은 주로 가축이었다. 하지만 어차피 가축을 써야 한다면 그냥 가축의 등에 싣고 가는 것이 수레를 끄는 것보다 훨씬 효율적이었다. 다시 말해 바퀴가 처음 발명되었을 때는 승차감, 주행성, 경제성 등 모든 면에서 가축보다 효율이 떨어졌던 것이다. 그래서 초기에 바퀴를 이용한 이동수단은 특별한 상황에서만 제한적으로 사용되었다.

바퀴에 대해 깊이 연구한 리처드 불리엣(Richard Bulliet)은 『바퀴, 세계를 굴리다』에서 바퀴가 처음 발명된 지역으로 동유럽 카르파티아 산맥의 구리광산을 꼽는다. 그는 광산 터널 안에서 광부들이 광석을 나르기 위해 바퀴 달린 사륜 수레를 사용했을 거라 추정했다. 다시 말해 일반적인 환경에서는 바퀴의 경쟁력이 가축보다 떨어지기 때문에 가축 활용이 어려운 곳, 수레의 장점이 극대화되는 곳에서 가장 먼저 바퀴가 사용되었을 거라는 얘기다.

이런 관점의 연장선상에서 바퀴가 유용하게 사용된 또 하나의 지역은 유라시아 초원이었다. 가축에게 먹일 풀을 찾아 끊임없이 움직이며 생활하던 유목민들은 네 개의 바퀴가 달린 수레 안에 텐트, 식품, 물을 싣고 긴시간 동안 먼거리를 이동할 수 있었다. 수레에 의한 운송은 '원거리 유목'을 가능하게 만들었고, 유목민들은 말과 수레를 활용해 유라시아의 광대한 초원지대를 효율적으로 이용할 수 있었다. 따라서 바퀴는 말과 더불어 초원의 유목민들을 변방에서 세계사의 중심으로 이끌어낸 중요한 발명품이라고 할 수 있다.

수레의 진화, 바퀴의 혁신

바퀴의 수에 따라 수레의 형태와 기능도 달라진다. 처음 수레가 등장했을 때는 대부분 네 개의 바퀴를 장착했다. 사륜수레는 이동할 때는 물론 정지했을 때도 안정적이며, 더 많은 승차 공간을 확보할 수 있었다. 하지만 짐을 운반하는 데는 네 바퀴보다 두 바퀴가 더 효율적이었다. 이륜수레는 방향전환을 포함해 대체로 조종하기 더 편했고, 사륜수레보다 무거운 짐을 옮길 수 있었다. 두 개의 바퀴가 회전할 때 발생하는 마찰력이 네 개의 바퀴가 회전할 때의 절반밖에 되지 않기 때문이다. 따라서 기원전 2000년 이후부터는 이륜수레가 사륜수레를 대체하기 시작했다.

운송수단으로서 수레가 널리 활용되면서 바퀴의 형태도 점차 바뀌었다. 최초의 바퀴는 통나무를 그대로 잘라서 만든 것이었다. 나무의 지름이 곧 바퀴의 지름이 되었고, 큰 바퀴를 만들기 위해서는 더 큰 나무가 필요했다. 무거운 통나무 바퀴는 점차 살이 있는 가벼운 바퀴로 진화했다. 바퀴살을 붙여서 만들면 통나무보다 무게가 줄어들기 때문에 수레 전체의 무게를 줄일 수 있었고 운반효율도 높아졌다. 무엇보다 통나무 바퀴는 나무의 지름보다 큰 바퀴를 만들 수가 없었다. 하지만 살이 있는 바퀴는 여러 부품을 조합해 만들기 때문에 크기의 제약에서 자유로웠다. 그리고 바퀴가 커진다는 것은 길 위의 장애물들을 효과적으로 주파할 수 있음을 의미했다.

전차의 시대에서 마차의 시대로

가볍고 튼튼한 바퀴, 정교한 수레 제작 기술, 길들여진 말. 이 세 가지 요소는 서로 화학작용을 일으키며 '전차'라는 새로운 탈것으로 진화했다. 전차는 오직 빠른 속도를 위해 개발되었으며, 바퀴의 장점을 극대화시킨 발명품이었다.

영화 〈글래디에이터〉에서 노예 검투사 막시무스는 로마의 정예 전차부대를 상대하게 된다. 당시 전차부대는 보병들에게 그야말로 공포의 대상이었다. 영화에서 전차부대는 빠른 속도로 콜로세움을 돌면서 중앙에 밀집된 병사들에게 화살을 날린다. 또한 두 바퀴의 회전축에는 칼날을 장착해 주변의 적들을 무자비하게 베어버린다. 물론 영화에서는 주인공의 침착한 대처와 노련한 지휘 덕분에 노예들이 승리를 거두었다. 하지만 현실이었다면 그들은 모두 전멸하고 말았을 것이다.

한동안 전차는 화려하게 전장을 누볐다. 이후 등자가 발명되고 기마병이 투입되면서 군용전차는 점차 승용이나 화물운반용으로 그 용도가 바뀌었다. 전장에서 퇴각한 이륜전차는 사륜마차가 되었고, 주로 상류층 여성들의 장거리 이동수단으로 활용되었다. 아마도 바퀴가 가장 우아하게 굴러가던 시절이었을 것이다. 중세 유럽의 남성 귀족들은 이동수단으로 말을 선호했으며, 마차를 타는 것을 부끄럽게 생각했다고 한다. 마차에 오르는 것이 남자답지 못하다고 여겼던 탓이다. 하지만 이런 편견은 15세기 이후부터 점차 사라졌다. 남성들의 인식이 바뀌었고, 탑승자의 충격을 줄여주는 완충 기술이 개발되는 등 마차의 성능도 개선되었다. 그 결과 17세기 무렵부터 마차는 유럽 전역에서 귀족들에게 인기를 얻었고, 이후 증기기관이 발명될 때까지 대표적인 장거리 여행수단으로 사랑받았다.

역사라는 거대한 바퀴

지상의 모든 탈것들은 최종적으로 바퀴의 회전력과 마찰력을 통해 앞으로 나아간다. 바퀴는 운송수단과 길이 서로 만나는 접점이다. 네 개의 자동차 바퀴가 지면에 닿는 면적은 고작 A4용지 크기 정도라고 한다. 이 좁은 공간에서 바퀴가 지면을 붙잡고 있기 때문에 자동차는 안정적으로 달리고 멈출 수 있다.

자동차의 발전과 함께 바퀴의 성능도 비약적으로 발전했으나 그 본질은 바뀌지 않았다. 바퀴는 여전히 둥글고 축을 중심으로 굴러간다. 포장된 도로가 없던 시절, 바퀴 달린 수레는 가축보다 효율이 떨어졌다. 인간이 수레를 포기하고 계속 가축에만 의존했다면 아마도 바퀴는 도태되어 사라졌을지 모른다. 그러나 인류는 바퀴의 가능성을 포기하지 않았고, 결국 바퀴에 다양한 기술을 접목시켜 가축보다 효율적인 이동수단으로 바꾸었다. 따라서 바퀴는 한계에 도전하면서 살아남은 인류의 역사 혹은 그 흔적이라고 할 수 있다.

바퀴는 앞으로 굴러가는 모습 때문에 종종 시간과 역사의 은유적 표현으로 사용된다. '역사의 수레바퀴'라는 표현에는 멈추지 않고 계속해서 앞으로 나아가는 시간의 속성이 담겨 있다. 그래서 황동규 시인은 〈나는 바퀴를 보면 굴리고 싶어진다〉라는 작품으로 정체되지 않고 역동적으로 움직이는 사회를 꿈꾸기도 했다. 바퀴가 움직이기 위해서는 추진력과 함께 지면과의 마찰력 또한 필요하다. 아무리 강한 힘이 작용해도 얼음판처럼 미끄러운 길 위에서 바퀴는 제자리를 헛돌 뿐이다. 새가 좌우의 날개로 날아가듯이 앞으로 가려는 구동력과 붙잡아 두려는 마찰력이 만나서 역사의 바퀴는 굴러간다. 과거를 지나 현재를 스쳐 미래를 향해.

바퀴는 한계에 도전하면서 살아남은 인류의 역사,
혹은 그 흔적이라고 할 수 있다.

얄팍한 교통인문학

선박의 발명과
인류 최초의 항해

무대를 잠시 육지에서 바다로 옮겨 보자. 그곳은 육지와 전혀 다른 물질로 채워져 있다. 바로 지구의 70% 이상을 차지하는 '물'이다. 고대 인류에게 물이란 어떤 존재였을까? 구석기인들은 사냥과 채집활동을 하면서 자신들의 행동반경을 점차 넓혔을 것이다. 먹을 것을 찾아 낯선 땅을 헤매다가 그들이 멈춘 곳은 아마도 강이나 바다가 시작되는 곳이 아니었을까? 인간은 물 위를 걸을 수 없었고, 물속에 들어가 호흡할 수도 없었다. 교통이라는 관점에서 물은 인간의 이동을 방해하는 일종의 장애물이었다.

육지에 사는 일부 짐승들이 물에서 헤엄을 치는 것처럼 인류의 먼 조상도 어느 정도의 수영실력은 갖췄을 것이다. 문제는 수영만으로 먼 거리를 가는 게 어렵다는 점이다. 잔잔한 강이나 호수 정도는 어떻게든 건널 수 있었겠지만 물살이 거센 지역이나 큰 강을 수영으로 이동하는 것은 거의 불가능했다. 특히 끝이 보이지 않는 바다는 변변한 이동수단이 없던 인류에게 미지의 세계와도 같았다. 스스로의 힘으로 물을 극복할 수 없었던 인간은 지상에서 그랬던 것처럼 더 빠르게 이동할 수 있는 도구를 만들어냈다. 그릇처럼 생겨서 물에 뜨는 그 발명품을 사람들은 '배(vessel)'라고 불렀다.

물에 뜨는 힘으로 나아가다

인간의 걷기가 최초의 육상교통수단이었던 것처럼, 수영은 최초의 해상교통수단이었다. 하지만 근육의 힘을 이용하는 수영은 먼 거리를 빠르게 이동하는 데 한계가 있었다. 게다가 물은 육지보다 훨씬 위험했다. 걷다가 지치면 잠시 쉬어가면 되지만 수영 중에 지친다는 것은 곧 죽음을 의미한다. 때문에 강과 바다를 건너 다른 세계로 나아가기 위해서는 새로운 방법이 필요했다.

아쉽게도 물에는 말이나 낙타처럼 인간이 길들여서 탈 수 있는 동물이 없었다. 대신 물에는 육지와 다른 새로운 속성이 있었다. 물체가 물속에 잠겨 있을 때 반대 방향으로 물체를 밀어 올리는 힘, '부력'의 존재였다. 아르키메데스가 목욕 중에 "유레카"를 외치며 발견한 바로 그 원리다. 이 특별한 힘 덕분에 인간은 물 위에 특정 조건의 물체, 즉 물보다 밀도가 작은 물체를 띄울 수 있었다. 그리고 이것을 사람의 힘이나 자연의 힘으로 움직여서 안전하고 빠르게 이동할 수 있었다.

배는 이런 조건을 모두 만족시키기 위해, 수레보다 훨씬 정교한 기술을 필요로 했다. 그래서 인류는 오랜 시간에 걸쳐 조금씩 선박 제조기술을 터득할 수 있었다. 처음에는 나무껍질 같은 것을 엮어서 간단한 보트를 만드는 것이 고작이었으나 톱과 망치 같은 도구들이 등장하면서 나무를 보다 폭넓게 활용할 수 있게 되었다. 나무로 판자를 만들고 기둥, 돛대, 활대 등을 제작하면서 배는 보다 크고 튼튼해졌다. 선체에 물이 새지 않도록 방수기술도 보완되었고, 베틀의 발명은 돛의 발전에도 긍정적인 영향을 미쳤다. 이런 기술적 성취를 토대로 마침내 인간은 자신이 원하는 방향으로 항해할 수 있게 되었다.

태평양 전역을 누빈 폴리네시아인

최초의 배는 어디서 어떻게 만들어졌을까? 많은 사람들이 선박의 탄생지로 문명의 발상지인 이집트와 메소포타미아 지역을 주목한다. 이집트인들은 피라미드 건축에 사용한 거대한 돌을 운반하기 위해 나일강과 배를 활용했다. 하지만 이집트의 배는 강에서 무거운 화물을 나르기 위한 '뗏목'이었고, 물살을 가르며 전진하는 오늘날의 '배'와는 다른 형태였다.

그래서 일부 연구자들은 최초의 배가 문명의 발상지가 아닌 폴리네시아 지역에서 시작되었다고 주장한다. 오늘날 폴리네시아 원주민들이 사용하는 카누가 모든 배의 원형이라는 것이다. 이곳 원주민들이 나무껍질로 만든 카누는 매우 가벼워서 거친 바다에서도 좀처럼 가라

앉지 않고 빠른 속도로 움직일 수 있었다. 실제로 먼 옛날 폴리네시아 사람들은 작은 카누에 의지한 채 새로운 섬을 찾아 모험을 떠났다. 유럽에서 대항해시대가 시작될 무렵, 이들은 이미 서쪽으로는 인도양을 건너 마다가스카르 섬까지 진출해 있었고 동쪽으로는 이스터 섬까지 진출해 있었다. 카누 하나로 태평양 전역을 누비고 다녔던 셈이다.

이 놀라운 이동은 어떻게 가능했을까? 폴리네시아 삼각지대는 각 변의 길이가 6,500㎞에 달하는 방대한 지역이다. 이렇게 넓은 지역에 분포된 섬들을 이동하려면 배는 물론, 고도의 항해술과 용기가 필요했을 것이다. 당시 폴리네시아의 항해사는 특정 별자리의 움직임과 현지 야생동물 그리고 파도의 방향을 암기했다. 이러한 정보는 구전으로 다음 세대에 전해졌고, 오랜 세월 동안 항해를 지속할 수 있는 원동력이 되었다. 또한 이들은 카누 옆에 장착하는 보조 장치를 개발해 넓은 바다를 안전하게 건널 수 있었다. 지금까지도 이러한 항해술과 보조 장치가 현대의 폴리네시아 뱃사람들에게 전해져 사용되고 있다.

신화 속 영웅들의 항해

지중해에서 가장 먼저 배를 건조해 항해에 나선 민족은 페니키아 사람들이었다. 이들은 길이가 매우 길고 폭이 좁은 배를 만들었으며, 이를 활용해 지중해 곳곳에 식민지를 건설했다. 심지어 페니키아인들은 지중해를 벗어나 멀리 발트해와 아프리카 서쪽 해안까지 진출했다고 한다. 이 정도의 원거리 항해를 하려면 바람의 힘을 이용할 수 있는 특별한 장치, 즉 돛이 필요했다. 돛은 증기선이 발명되기 전까지 선박을 움직이는 중요한 요소였다.

페니키아인들의 뒤를 이어 지중해를 누볐던 이들은 그리스인들이었다. 그래서 그리스 신화에는 항해하는 영웅의 이야기가 많다. 호메로스의『오디세이아』는 트로이 전쟁이 끝난 후 영웅 오디세우스가 오랜 세월 동안 바다에서 모험을 하며 고향으로 돌아오는 여정을 그리고 있다. 아르고호를 타고 황금모피를 찾아 떠나는 이아손의 모험 역시 유명하다. 왕위를 빼앗은 삼촌이 황금모피를 가져오면 왕위를 물려주겠다고 하자 이아손은 아르고호라는 거대한 배를 만들고 수많은 영웅들과 함께 항해를 시작한다. 결국 마녀 메데이아의 도움으로 황금모피를 손에 넣은 이아손은 고국으로 돌아와 삼촌을 죽이고 왕위에 오른다.

그리스 신화 속에 등장하는 항해 관련 이야기들은 지중해 연안 국가들이 수준 높은 항해술을 통해 바다를 누볐다는 것을 보여준다. 비록 역사적 사실은 아닐지라도 신화 속 오디세우스와 이아손의 항해는 서양문명의 여명을 밝힌 모험이었다. 그리고 그리스인들의 조선 기술과 항해술 그리고 새로운 세계를 향한 호기심은 훗날 유럽인들의 신대륙 탐험으로 이어졌다.

폴리네시아 원주민들이 나무껍질로 만든 카누는 매우 가벼워서
거친 바다에서도 좀처럼 가라앉지 않고 빠른 속도로 움직일 수 있다.

얄팍한 교통인문학

대항해시대의
문명 교류

오래 전부터 배는 효율적인 화물 운송수단이었다. 일단 물 위에 띄우기만 하면 그 다음부터는 자연의 힘으로 손쉽게 짐을 운반할 수 있었다. 부력은 무거운 물건을 대신 들어주었으며, 인간은 강의 흐름이나 바람의 힘을 이용해 그것을 이동시켰다. 고대 이집트인들이 피라미드를 지을 수 있었던 것도 나일강에 뗏목을 띄워 큰 돌을 옮길 수 있었기 때문이다.

본격적으로 건조기술을 익히고 항해술을 활용하면서 선박은 가장 뛰어난 원거리 운송수단이 되었다. 동시대에 육지의 운송수단은 가축이나 수레가 전부였다. 낙타처럼 아무리 지구력이 좋은 짐승이라도 하루에 갈 수 있는 거리는 제한적이었고, 등에 실을 수 있는 화물에도 한계가 있었다. 반면 선박은 한꺼번에 많은 짐을 실어 나를 수 있었고, 특히 범선은 바람의 힘을 이용했기 때문에 경제성과 효율성 측면에서 가축이나 수레와는 비교조차 할 수 없었다.

선박의 수송능력은 다양한 교통기술이 발전한 오늘날에도 여전히 유효하다. 트럭, 열차, 항공기 등 다양한 운송수단이 있지만 여전히 전 세계 물동량의 90%는 바다를 통해 이뤄지고 있기 때문이다. 이러한 화물 운송수단으로써 선박의 발전은 세계 문명사에 큰 영향을 미쳤다.

인간의 힘에서 바람의 힘으로

선박의 역사는 곧 추진 동력의 역사이다. 헨드릭 빌렘 반 룬(Hendrik Willem van Loon)은 『배 이야기: 인간은 어떻게 7대양을 항해했을까?』에서 선박 발전의 중요한 전환점으로 '노예제', '화약', '증기엔진'을 언급했다.

먼저 기원전 5세기부터 그리스와 로마로 유입된 대량의 노예들이 이 시기 선박의 형태를 크게 바꾸었다. 당시 지중해에서 사용된 배는 노를 저어서 움직이는 '갤리선'이었다. 영화 〈벤허〉에 묘사된 것처럼 전쟁 중 갤리선의 추진력은 노예들의 노동에서 발생했다. 사슬에 묶인 노예들이 북소리에 맞춰 노를 저으면 그 힘으로 배가 움직였고, 침몰하면 노예들 역시 함께 죽음을 맞이했다. 당시 해상전술은 아군의 배를 적선의 측면에 충돌시킨 다음 병사들이 뛰어들어 백병전을 펼치는 방식이었다. 따라서 상대방의 충돌을 피하고, 빠르게 돌격하기 위해서는 노를 젓는 것이 효과적이었다.

알딱한 교통인문학

이러한 전술에 제동을 건 것은 화약과 대포였다. 화약은 지상전에서 기사 계급을 몰락시킨 것처럼 해상전에서 노를 젓는 방식에 종말을 고했다. 전투가 근접전이 아닌 대포를 이용한 원거리 사격 중심으로 바뀌면서 선박의 흐름도 대포를 많이 싣고 높은 평균 속도를 유지할 수 있는 범선 쪽으로 기울었다. 하지만 범선 역시 완벽한 것은 아니었다. 바람의 힘으로 움직이는 배는 바람이 없으면 아예 움직일 수 없기 때문이다.

실제로 대항해시대에는 대서양의 무풍지대인 사르가소 해(Sargasso Sea)에서 많은 선원들이 죽음을 맞이하기도 했다. 따라서 범선으로 먼바다를 안전하게 항해하기 위해서는 지구의 풍향과 위도·경도 등에 대한 지식이 반드시 뒷받침되어야만 했다.

항해를 위한 지식과 기술

범선을 운용하려면 전 세계의 풍향을 파악하는 것이 필수적이었다. 지구에는 일정 지역 혹은 일정 위도에서 거의 일정한 방향으로 바람이 분다. 이를 탁월풍 또는 항상풍이라고 하며, 이렇게 전 지구적으로 부는 거대한 바람에 의해 해류가 발생한다. 동력수단이 돛뿐인 범선을 원하는 방향으로 움직이려면 바람과 해류의 방향을 정확하게 알고 있어야 했다. 당시 유럽인들은 북반구를 탐험해 대략적인 풍향을 파악했으며, 남반구는 그와 대칭될 것이라고 추론해 지구 전체의 풍향을 재구성했다.

물론 단순히 움직일 수 있다고 해서 목적지에 도착할 수 있는 것은 아니다. 바다 한가운데에서 자신의 위치와 목표지점의 방향을 정확하게 알아야 한다. 이를 확인하기 위해 필요한 정보가 바로 '위도'와 '경도'이다. 아주 오래 전부터 뱃사람들은 별자리를 관측해 위도를 측정하였다. 북반구에서는 북극성이, 남반구에서는 남십자성이 그 기준점이 되었다. 하지만 경도는 위도와 달리 측정하기가 쉽지 않았다. 경도를 알지 못하면 목표지점이 동쪽에 있는지 서쪽에 있는지 판단할 수 없기 때문에 바다에서 표류할 가능성이 컸다.

경도를 측정하는 가장 현실적인 방법은 시계를 활용하는 것이다. 배가 위치한 곳의 시간과 기준 지역의 시간을 파악해서 그 시차를 지리적인 거리로 환산하면 된다. 다만 이 방법을 사용하려면 어떤 상황에서나 정확한 시간을 알려주는 시계가 필요했다. 대항해시대에도 기계식 시계가 있었으나 선박에서 항해용으로 사용할 수는 없었다. 파도에 흔들리고 온도와 습도가 수시로 변하는 열악한 환경에서 큰 오차가 발생했기 때문이다. 이런 시계로 경도를 측정하는 것은 목숨을 건 도박과도 같았다.

갈수록 선박 피해가 늘자 영국에서는 정확한 항해용 시계를 만드는 사람에게 거액의 포상금을 내걸었다. 그리고 마침내 1737년 시계기술자 존 해리슨(John Harrison)이 수많은 실패 끝에 항해에 사용할 수 있는 정확한 시계, 크로노미터(chronometer)를 만드는 데 성공했다. 이런

얄팍한 교통인문학

기술 덕분에 유럽인들은 보다 먼 바다로 나아갈 수 있게 되었다.

고립된 두 세계가 만나다

교통과 통신의 발달로 오늘날 전 세계는 마치 하나의 문명권처럼 교류하고 있다. 마음만 먹으면 한국에서도 유럽의 자동차를 구입할 수 있고, 미국에서 개봉하는 최신 영화를 같은 날 극장에서 볼 수 있는 시대다. 당연한 것처럼 생각되지만 이 모든 것이 근대 이전에는 꿈도 꿀 수 없던 일들이다.

인류는 오랫동안 자신이 살고 있는 대륙에 고립되어 있었다. 유럽과 아메리카는 화성과 금성만큼이나 멀리 떨어진 곳이었고, 누구도 대서양을 건널 수 없었다. 역사학자 주경철은 『문명과 바다』에서 "각자 독립적으로 발전하던 문명들이 서로 만나게 된 것은 인류가 먼 바다를 항해할 수 있게 된 시점부터"라고 말한다. 즉 문명의 교류는 해상교통의 발달과 함께 시작되었고, 그것을 주도한 곳은 다름 아닌 유럽이었다. 15세기 무렵 대항해시대가 열리면서 보다 빠른 신형 범선이 만들어졌고, 과학기술의 발전에 따라 항해술은 보다 정교해졌다.

미지의 바닷길이 열리면서 세계사에도 큰 변화가 일어나기 시작했다. 해상 교통망을 통해 상품과 자원이 이동하고 새로운 농작물이 전파되었다. 아메리카 대륙에서만 자라던 토마토, 고구마, 감자, 옥수수, 고추 등은 이 시기에 유럽을 거쳐 전 세계에 씨앗을 뿌렸다. 모두가 오늘날 요리에 빠져서는 안 될 식재료들이다. 물론 긍정적인 교류만 있었던 것은 아니다. 바닷길을 따라 매독, 홍역, 말라리아 등의 질병이 확산되었으며, 노동력 착취를 위한 노예무역이 성행하는 등 부정적인 면도 있었다.

하지만 기존 문명에 다른 대륙의 새로운 문화가 합쳐지면서 세계가 크게 변하기 시작한 것은 분명하다. 이런 관점에서 오늘날 우리가 살아가는 세계는 바다에서 태어났다고 해도 과언이 아니다. 그리고 그 탄생 과정에서 산파 역할을 한 것은 선박과 항해술이었다.

항해에 사용할 수 있는 정확한 시계, 크로노미터 덕분에
유럽인들은 보다 먼 바다로 나아갈 수 있게 되었다.

얄팍한 교통인문학

거친 땅에
레일을 놓다

아주 먼 옛날, 길은 고요했다. 들판과 숲에는 인간의 발길이 거의 닿지 않았다. 그곳은 짐승들을 위한 길이었고, 인간에게 늘 모험을 요구했다. 그래서 순례자들이나 상인들을 제외하면 먼 거리를 이동하는 일이 극히 드물었다. 태어난 곳이 세상의 전부였고 각 공간은 산과 바위로 막혀 있었다. 그 단단한 벽을 무너뜨린 것은 다름 아닌 레일(rail)과 그 위를 달리는 증기기관차, 즉 철도였다.

19세기부터 땅에는 레일이 깔리고 무거운 쇳덩이가 굉음을 내며 도시와 도시 사이를 빠르게 질주하기 시작했다. 철도가 등장하기 전까지 유럽의 도로는 원시적인 수준에 머물러 있었다. 고대 로마제국은 전 유럽에 도로망을 구축했으나 로마 멸망 이후 중세로 접어들면서 이 길들은 거의 방치되다시피 했다. 성곽으로 둘러싸인 중세 봉건사회에서 도로 건설은 그 누구의 관심사도 아니었다.

길이 없으니 교통수단도 큰 발전이 없었다. 사륜마차가 17세기 무렵 등장했지만 크게 대중화되지는 못했다. 마차가 다닐 수 있는 도로가 제대로 갖춰지지 못했기 때문이다. 당시의 길은 마차가 다니기에 너무 좁았고, 비라도 내리면 도랑으로 변하기 일쑤였다. 이처럼 열악한 도로가 사람과 물자의 이동을 가로막던 상황에서 철도는 모든 경계를 단숨에 가로지르는 혁신적인 길이었다.

인류 최초의 레일을 찾아서

증기기관차는 19세기에 개발되었지만 사실 레일은 그보다 훨씬 앞서 활용되었다. 연구자들은 레일 시스템의 출발점을 고대 이집트에서 찾는다. 잘 알려진 것처럼 이집트의 왕들은 피라미드라는 거대한 건축물을 지었고, 이를 위해서는 큰 돌을 건설현장까지 옮겨야 했다. 이집트인들은 먼저 나일강에 뗏목을 띄워 돌을 날랐고, 강에서 건설현장까지는 나무로 만든 썰매를 이용했다. 이때 썰매가 잘 움직이도록 나일강의 진흙을 썰매가 다니는 길에 발랐다. 바닥과 썰매의 마찰을 줄이기 위해 윤활유를 바르기도 했다. 하지만 아무리 땅을 잘 다져놓아도 엄청난 돌의 무게가 썰매를 짓눌렀다. 그리고 진흙 길은 자연스럽게 음각 형태의 레일이 되었다.

현존하는 가장 오래된 레일은 기원전 600년경 그리스 코린토스 해협에 설치된 것이다. 당시 그리스인들은 수레가 효율적으로 다닐 수 있도록 길 위에 홈을 파냈고, 이 특별한 길은 배를 옮기는 데 사용되었다. 아테네 항구를 출발한 선박들이 서쪽으로 가려면 지중해를 크게 돌아야 했다. 만약 코린토스 해협에 막혀 있는 약 6㎞의 육지를 통과할 수 있다면 항로를 크게 단축시킬 수 있었다. 오늘날 수에즈 운하를 이용하면 거대한 아프리카 대륙을 가로지를 수 있는 것처럼 말이다.

하지만 당시 기술로 6㎞의 운하를 건설하는 것은 무리였다. 그래서 그리스인들은 코린토스 해협에 단단한 석회암으로 선로를 깔고, 그 위에 넓고 평평한 수레를 놓았다. 레일과 수레를 활용해 커다란 배를 육지 너머의 바다까지 이동시킨다는 발상이었다. 사람의 힘으로 거대한 선박을 옮기는 일이 쉽지는 않았을 것이다. 그럼에도 이 레일이 무려 600여 년 동안 유지되었다는 것은 그만큼 경제적 효과가 컸다는 것을 의미한다. 긴 시간이 흘러 코린토스의 운하가 19세기 후반에 비로소 건설되면서 수레는 모두 사라졌다. 하지만 수레가 다녔던 레일의 흔적은 아직도 코린토스 지역 곳곳에 뚜렷이 남아 있다.

광산에서 사용된 레일

레일이 본격적으로 활용된 곳은 광산이었다. 깊고 어두운 광산에서 광석을 등에 지고 옮긴다는 것은 생각만 해도 끔찍한 일이었을 것이다. 무거운 등짐을 어떻게든 내려놓고 싶다는 광부들의 욕망은 레일과 운반차라는 아이디어로 이어졌다. 광산 내부에 레일을 깔고 그 위에서 운반차를 밀면 많은 광물을 훨씬 편하게 옮길 수 있었다.

이러한 광산 레일은 꽤 오랜 역사를 갖고 있다. 독일의 한 대성당에는 레일과 수레의 모습을 새겨 넣은 스테인드글라스가 있는데, 대략 1350년경에 만들어진 것이라고 한다. 그로부터 약 200년 뒤 독일의 아그리콜라(Georgius Agricola)는 『광물에 대하여』라는 책을 썼다. 그는 레일과 수레를 활용해 광물을 효율적으로 나르는 방법을 소개했고, 이 아이디어는 유럽의 주요 광산에서 널리 활용되었다.

어두운 갱도 안에 나무로 된 레일을 놓은 뒤 수레로 석탄이나 광석을 옮기는 모습은 16세기 유럽에서 흔한 풍경이었다. 하지만 나무는 충격과 습기에 약하다는 단점이 있었다. 이를 보완하고자 18세기 무렵에는 철로 만든 레일과 바퀴가 사용되었고, 이로써 무거운 화물을 보다 빠르게 운반할 수 있게 되었다. 그리고 석탄과 철의 수요가 급증하면서 레일에 운송수단을 결합한 철도는 거대한 산업으로 발전할 수 있었다.

레일 위를 달리는 마차

증기기관이 등장하기 전까지 레일 위의 탈것들은 사람이나 가축이 끌었다. 코린토스 해협에 건설된 최초의 레일에서는 수레를 움직이기 위해 100여 명의 사람들이 동원되었고 중세의 광산 수레 역시 사람이 직접 끌어야 했다. 가축이 들어가서 노동을 하기에 광산은 너무나 좁고 어두웠다. 따라서 광산 안에서는 사람이, 광산 바깥에서는 가축이 각각 레일 위의 수레를 맡았다. 광부들이 수레를 밀어서 광석을 입구까지 이동시키면, 이것을 다시 말이 끄는 화물마차로 옮기는 식이었다.

레일 위를 달리는 마차는 영국의 스완지–멀블스 구간에 처음 등장했다. 이 철도는 1806년 광산과 채석장에서 화물을 운반하기 위해 건설되었으나 그 이듬해부터 요금을 받고 승객도 운송하기 시작했다. 한 칸으로 된 마차는 12명의 승객을 태울 수 있었는데, 스완지의 해변을 따라 달리며 시시각각 다른 풍경을 보여준 덕분에 승객들로부터 큰 인기를 얻었다.

한편 말이 끌던 마차의 흔적은 오늘날 선로 간격에서 찾아볼 수 있다. 영국에서 마차는 두 마리의 말이 함께 끌었는데, 이 때문에 마차의 바퀴 폭은 말 두 마리의 엉덩이 폭과 비슷했다. 영국에서는 이를 기준으로 삼아 마차 바퀴의 폭을 1.4m로 표준화시켰다. 그리고 이 규격은 첫 대중교통용 철도인 스톡턴–달링턴 구간에 그대로 적용되었다. 오늘날 국제 표준궤 길이 1,435㎜도 여기서 비롯된 수치다. 만약 그때 말 엉덩이가 조금 더 컸다면 KTX의 좌석이 좀 더 넓어졌을지도 모를 일이다.

안전과 안주의 경계에서

플랫폼에서 열차를 기다릴 때면 텅 빈 레일을 바라보게 된다. 서로 떨어져 있는 두 개의 선로는 멀리 지평선에서 하나가 된다. 물론 이것은 인간의 눈과 원근감이 만들어내는 착시다. 나란히 평행을 달리는 것들은 결코 만날 수 없다. 이를 테면 사람들의 생각이나 가치관 같은 것이 그러하다. 하지만 한편으로 두 선로가 일정한 거리를 유지하기에 열차는 레일 위를 안전하게 달릴 수 있다.

레일의 본질은 정해진 궤도를 벗어날 수 없다는 것이다. 그래서 그 위에는 언제나 두 가지 측면이 나란히 질주한다. 바로 '안전'과 '안주'라는 두 개의 바퀴다. 철도는 정해진 궤도를 달리기 때문에 빠르고 안전하지만 그로 인한 폐쇄적인 구조 역시 피할 수 없다. 레일 위에서는 앞서 가는 열차를 절대 추월할 수 없다. 그리고 늘 정해진 시간에 도착하고 정해진 시간에 출발해야 한다. 무엇보다 열차는 레일 바깥의 길을 상상할 수 없다.

어쩌면 레일은 안주와 모험을 구분 짓는 경계선일지 모른다. 이미 깔려진 레일 위를 안전하게 달릴 것인지 거친 들판 위를 자유롭게 달릴 것인지는 각자 선택의 몫이다. 분명한 것은 어떤 삶이든 자신만의 목적지가 있다는 것이다. 평행을 달리던 레일이 지평선에서 하나가 되듯이 우리는 언젠가 각자가 꿈꾸는 곳에서 노을처럼 만나게 되리라. 그것이 비록 착시일지라도.

무거운 등짐을 어떻게든 내려놓고 싶다는 광부들의 욕망은
레일과 운반차라는 아이디어로 이어졌다.

인간의 힘으로
빠르고 편리하게

인류는 오랫동안 이동을 위해 가축을 활용했다. 직접 올라타기도 하고, 수레를 연결하기도 했으나 어쨌든 에너지의 근원은 짐승의 근력이었다. 가축의 힘을 이용하는 건 꽤나 번거로운 일이었다. 일단 사람이 탈 수 있도록 길들이는 과정이 필요했고, 그냥 마구간에 세워두더라도 먹이를 주고 돌봐야 했다. 오늘날 자동차에 비유하면 주차장에 세워둘 때도 계속 연료를 소모하는 셈이다. 무엇보다 가축 혹은 가축을 이용한 수레는 가까운 거리를 이동할 때 그리 효율적이지 못했다. 이동을 준비하는 과정이 만만치 않았기 때문이다.

그래서 사람들은 가축을 대체할 수 있는 탈것을 고민하기 시작했다. '인간 스스로의 힘으로 보다 편하고 빠르게 이동할 수는 없을까?' 이 질문의 첫 번째 힌트는 수레에 달린 바퀴였다. 사람들은 오랜 경험을 통해 바퀴의 유용성을 잘 알고 있었다. 두 번째 힌트는 두 다리, 즉 태어날 때부터 가지고 있는 동력원이었다. '만약 두 다리로 직접 바퀴를 굴린다면 어떨까?' 자전거는 이러한 고민에서 탄생한 발명품이었다.

자전거의 원형, 드라이지네

자전거의 초기 형태에 결정적으로 기여한 인물은 독일의 칼 드라이스(Karl Drais)였다. 그는 1817년 '드라이지네(Draisine)'라는 발명품을 만들었는데 이것은 오늘날 자전거의 원형이자 인간의 힘으로 움직이는 최초의 개인용 교통수단이었다. 드라이스는 사륜마차의 바퀴를 작게 만들어 두 개를 앞뒤로 배열하고 이를 가로목으로 연결시킨 다음 그 가운데에 안장을 달았다. 탑승자는 상체를 세운 채 마치 걷거나 뛰는 것처럼 좌우로 땅을 번갈아 차면서 이 기구를 전진시킬 수 있었다. 요즘 아이들이 자전거를 배우기 전에 타는 밸런스 바이크(balance bicycle)와 유사한 형태라고 할 수 있다.

드라이스의 새로운 기계는 걷거나 뛰는 것을 도와주었다. 도로의 상태가 좋을 경우 시속 8km, 그러니까 걷는 속도의 약 두 배 정도로 달릴 수 있었다. 무엇보다 드라이스는 인간의 힘으로 움직이는 탈것을 새롭게 정의했다. 기존에는 이런 아이디어가 대부분 여러 사람을 운송하는 기계식 사륜수레 형태로 도출되었다. 하지만 드라이스는 한 사람의 수송에 최적화된 개인용 탈것이라는 개념을 정립하였다.

드라이지네는 혁신적이긴 했으나 효율적인 운송수단은 아니었다.

페달이 없어서 두 발로 지면을 밀어야 전진할 수 있었고, 간혹 내리막
길에서 가속할 수 있었지만 부상의 위험도 그만큼 컸다. 많은 사람들
이 드라이지네의 기술적 가치는 인정했지만 실용적 가치에 대해서는
회의적이었다. 결국 드라이스의 새로운 기계장치는 교통수단으로 자
리 잡지 못했다. 당시 언론에서는 "드라이스가 구두를 닳게 하는 적당
한 방법을 발견했다"면서 그의 발명품을 조롱했으며, 사람을 말이나
마차로 만드는 이상한 발명품으로 깎아내리기도 했다.

　그럼에도 불구하고 드라이스의 독창적인 아이디어는 유럽 각 지
역에 퍼졌다. 한때 드라이지네와 유사한 모델들이 호비호스(hobby
horse), 벨로시페드(velociped)와 같은 이름으로 판매되었고, 이는 훗날
페달을 장착한 자전거로 이어졌다.

효율적인 구동장치의 등장

자전거 탄생의 핵심은 단순하면서 효율적인 구동장치를 개발하는 것
이었다. 정지 상태의 자전거를 출발시켜서 균형을 유지하려면 단시간
에 속도를 올려야 하기 때문이다. '회전식 크랭크'라는 해법이 등장한
것은 드라이지네 탄생 이후 약 50년의 시간이 지난 뒤였다. 답을 찾아
낸 주인공은 프랑스의 피에르 미쇼(Pierre Michaux). 그는 파리에서 수
리점을 운영하고 있었는데, 하루는 한 사내아이가 고장난 드라이지네
를 고쳐달라며 찾아 왔다. 수리를 마친 미쇼는 아들에게 시운전을 권

했지만 아들은 불편함을 호소했다.

아들의 불평을 듣고 미쇼는 보다 편리하게 탈 수 있는 방법을 고민했다. 두 바퀴를 이용하는 것은 효율적이었지만 문제는 그 바퀴에 힘을 전달하는 방식이었다. 그는 앞바퀴에 크랭크와 페달을 장착해서 왕복운동을 회전운동으로 바꾸는 장치를 생각해냈고, 1867년 최초의 페달식 자전거 '미쇼딘(Michaudine)'을 만들었다. 미쇼가 만든 자전거에는 노면의 충격을 흡수하는 스프링이 달려 있었고, 페달을 거꾸로 밟으면 언제든지 멈출 수 있었다.

또한 미쇼는 판매를 늘리기 위해 구매자들을 상대로 무료강습을 진행했고, 누구나 배워서 쉽게 탈 수 있다는 점을 강조했다. 덕분에 미쇼의 자전거는 불티나게 팔려나갔다. 사람들은 자전거가 일시적인 유행으로 끝나지 않을 거라고 확신했다. 자전거는 지금까지 등장했던 그 어떤 탈것보다도 저렴하고 효율적인 개인용 운송수단이었으며, 무엇보다 타는 과정에서 큰 재미를 주었기 때문이다.

자전거의 두 가지 혁명

시간이 흐르면서 자전거의 모습도 달라졌다. 1870년대에는 앞바퀴가 크고 차체가 높은 '하이휠'이 유행했다. 의류 브랜드 '빈폴(BEAN POLE)'에 새겨진 바로 그 자전거다. 커다란 앞바퀴는 비포장도로에서 노면의 충격을 흡수해 뛰어난 승차감을 제공했다. 하지만 문제는 안전이었다. 하이휠 자전거는 측면에서 부는 바람에 취약했고, 타고 내리기 어려웠으며, 넘어질 때 머리를 다칠 가능성이 높았다. 관련 사고가 늘면서 자연스럽게 '안전'이 자전거 산업의 화두가 되었다.

이 시기에는 다양한 기종이 경쟁했으나 시장을 장악한 것은 체인 자전거였다. 1885년 영국에서 등장한 '로버 세이프티 자전거(Rover safety bicycle)'는 전 세계적인 자전거 붐을 일으켰다. 로버 자전거는 오늘날 자전거처럼 체인과 스프로킷(sprocket, 체인기어)을 이용해 뒷바퀴를 움직이는 방식으로, 방향 전환이 쉽고 안전해서 엄청난 성공을 거두었다. 체인을 장착한 이 모델은 자전거의 제1혁명으로 평가받고 있으며, 우리나라에 처음 자전거가 들어온 것도 대략 이 무렵이었다.

자전거의 제2혁명은 공기주입식 타이어였다. 영국의 존 보이드 던롭(John Boyd Dunlop)은 아들의 세발자전거를 고쳐주는 과정에서 1888년 공기주입식 타이어를 발명했다. 던롭의 타이어는 노면의 다양한 충격을 효과적으로 흡수했고, 자전거의 안전성과 승차감을 획기적으로 높였다. 체인과 타이어라는 두 가지 혁명에 힘입어 마침내 1890년대부터 자전거는 본격적인 대중 교통수단으로 자리잡게 되었다.

자전거가 바꾼 문화

우리는 역사 속에서 하나의 발명품이 수많은 분야에 나비효과처럼 영향을 주는 것을 목격한다. 스티븐 존슨(Steven Johnson)은 『우리는 어떻게 여기까지 왔을까』라는 책에서 "혁신은 일반적으로 특정한 문제를 해결하려는 시도에서 시작되지만, 그 혁신이 사회에 확산되기 시작하면 결국에는 전혀 예상하지 못했던 변화까지 끌어내게 된다"고 지적한다. 예를 들어 구텐베르크의 인쇄기가 등장하면서 유럽에 독서라는 새로운 습관이 형성되었고, 이를 통해 많은 사람들이 자신의 눈이 원시라는 것을 알게 되었다. 이 때문에 안경의 수요가 크게 증가했고, 안경의 인기는 렌즈의 발전으로 이어져 현미경을 탄생시켰다.

자전거 역시 처음에는 이동수단으로 발명되었으나 사회적으로 널리 확산되면서 문화를 바꾸었다. 자전거는 모두에게 운동과 모험의 기회를 제공했다. 사람들의 야외활동이 크게 늘었고, 먼 거리의 새로운 풍경을 자주 접할 수 있게 되었다. 여성 라이더의 증가도 주목할 만하다. 자전거로 인해 집 안에 틀어박혀 있던 주부들까지 야외 운동을 즐기게 되면서 여성들의 복장도 달라졌다. 긴 드레스는 페달을 밟거나 자전거가 달릴 때 불편했기에 당시 유행했던 빅토리아풍 의복은 점차 캐주얼한 형태로 바뀌기 시작했다. 또한 자전거는 당대 페미니스트들에게 여성의 존엄성과 평등을 보장하는 수단으로 여겨지기도 했다.

자전거는 다른 교통수단의 발전에도 많은 영향을 미쳤다. 미국의 자전거업계는 도로개량운동을 통해서 전국적인 고속도로망을 구축했으며 이는 훗날 자동차 산업을 위한 토대가 되었다. 자전거를 조립했던 기술력은 자동차 제조에 적용되었고, 전국의 자전거 수리점들이 주유소로 진화했다. 자전거 기계학은 초기 항공술에도 중요한 영향을 미쳤다. 실제로 비행기를 발명한 라이트형제 역시 자전거 수리점을 운영했었고, 가게의 재료를 이용해 플라이어 1호를 만들었다.

기술은 사회와 함께 움직인다

자전거의 역사에서 가장 흥미로운 부분은 드라이스의 첫 발명 이후 50년 동안 기술적 진화가 없었다는 점이다. 당시에는 이미 증기기관차가 등장했을 만큼 기계 기술이 발전한 시기였다. 페달이나 크랭크의 개념도 낯선 것은 아니었다. 하지만 페달식 자전거는 1860년대 이르러서야 비로소 세상에 나타났다. 간단한 장치임에도 불구하고 왜 사람들은 오랫동안 드라이지네에 페달을 적용하지 못했을까?

역사학자들은 그 이유를 대중들의 거부감에서 찾는다. 초기 드라이지네는 언론으로부터 비웃음을 샀고, 거리에서 괴롭힘을 당했으며, 평평한 보도에서는 법적으로 금지되었다. 이런 사회·문화적인 장벽이 결국 기술의 발전을 가로막았던 셈이다. 자전거의 탄생과정은 아무리 기계적으로 훌륭한 탈것이라도 사회 인프라와 대중의 심리적 저항감이 해결되지 않으면 확산될 수 없다는 것을 보여준다. 이것은 전기차, 수소차 등 새로운 친환경 이동수단이 등장한 오늘날에도 많은 시사점을 던져주고 있다.

'만약 두 다리로 직접 바퀴를 굴린다면 어떨까?'
자전거는 이러한 고민에서 탄생한 발명품이었다.

화석연료에서 발견한
운동에너지

　　　　　　　　　어떤 탈것이든 움직이기 위해서는
에너지원이 필요하다. 산업혁명 이전까지는 사람의 힘, 가축의 힘 그
리고 바람의 힘이 전부였다. 사람은 자신의 몸 하나를 움직이고 나면
남는 힘이 거의 없었다. 가축은 인간보다 큰 힘을 발휘하였으나 생명
체인 이상 하루에 이동할 수 있는 거리와 수송량이 제한적이었다. 바
람을 이용할 수 있는 곳은 강과 바다에 국한되었고, 날씨에 따른 변수
도 많았다.

　열기관은 이런 모든 문제를 한꺼번에 해결해주었다. 연료만 충분
하다면 지속적으로 에너지를 얻을 수 있었고, 주변 환경에 관계없이
늘 안정적으로 작동했으며, 지치는 법이 없었다. 특히 그 엄청난 힘은
인류가 과거에 경험해보지 못했던 것이었다. 이런 열기관은 땅에서
증기기관차를, 바다에서 증기선을, 하늘에서 비행선을 탄생시켰다.

　세 교통수단의 공통점은 많은 승객과 화물을 한꺼번에 실어 나른다

는 것, 그리고 정확한 도착시간과 출발시간을 보장한다는 것이었다. 기계문명 덕분에 대부분의 평범한 사람들도 공간의 제약을 극복할 수 있게 되었다. 새로운 탈것들은 상대적으로 저렴했고, 정기적으로 일정하게 운행되었다. 그래서 비용만 지불하면 언제든 원하는 곳으로 이동할 수 있었다. 그야말로 인간의 삶에 강력한 엔진이 장착된 것이다.

산업혁명을 일으킨 증기기관

열기관은 연소가 발생하는 위치에 따라 크게 외연기관과 내연기관으로 나뉜다. 외연기관은 기관의 외부 장치에서, 내연기관은 기관의 내부에서 각각 연소가 이뤄진다. 산업혁명의 도화선이 된 증기기관은 대표적인 외연기관이다. 흔히 제임스 와트(James Watt)가 발명했다고 알려져 있으나 관련 연구는 이미 16세기부터 계속되었다.

상업적인 증기기관은 광산에 고인 물을 퍼내기 위해 만들어졌으며, 그 출발점은 1705년 토머스 뉴커먼(Thomas Newcomen)의 발명품이었다. 그의 증기기관은 완성도가 높았기 때문에 여러 광산에 널리 보급되었다. 이후 수십 년간 뉴커먼의 증기기관을 개량하기 위한 노력이 이어졌고, 그중 가장 뛰어난 혁신을 보여준 것이 바로 제임스 와트의 증기기관이었다. 와트는 물을 가열하는 보일러와 증기를 냉각시키는 응축기를 분리해 열효율과 속도를 획기적으로 끌어올렸고, 증기기관의 실용화 및 확산에 기여하였다. 하지만 증기기관의 구조상 여전히 열효율은 낮았다. 투입한 에너지가 '100'이라면 실제로 쓸 수 있는 것은 '10'정도에 불과했다. 많은 열을 가진 수증기가 대부분 바깥으로 빠져나간 탓이다. 뿐만 아니라 증기기관은 부피가 크고 폭발사고가 잦아 사용하기 매우 어려웠다. 증기기관 자동차가 이미 19세기 초에 등장하였으나 널리 퍼지지 못한 것도 무게와 부피 그리고 안전 문제 때문이었다. 그래서 당대 기술자들은 보다 작고 편리하고 안전한 새로운 열기관으로 눈을 돌렸다. 바로 내연기관이었다.

보다 효율적이고 안전한 내연기관

내연기관은 자동차와 함께 발전했다. 자동차의 엔진은 내부에서 연료를 폭발시키면서 피스톤을 움직이고 그 힘을 바퀴에 전달한다. 운전자가 가속 페달을 밟으면 엔진 내부로 연료가 더 투입되고 피스톤의 상하운동이 빨라지면서 바퀴의 회전력도 상승한다. 이런 엔진 덕분에 우리는 발끝을 살짝 움직이는 것만으로 빠르게 먼 곳까지 이동할 수 있다.

내연기관의 첫 단추는 제임스 와트의 조수였던 윌리엄 머독(William Murdoch)이 채웠다. 그는 석탄에서 가스를 만들어 내는 방법을 발견했고, 이후 수십 년간 많은 사람들의 시행착오 끝에 가열된 가스의 팽창과 폭발로 에너지를 얻는 내연기관이 탄생했다. 프랑스의 에티엔 르누아르(Étienne Lenoir)는 1860년 '흡입·압축'과 '폭발·배기'로 작동하는 2행정 내연기관을 발명했는데, 약 2마력의 힘을 발휘했다. 오늘날 일반적인 경차가 약 75마력의 힘을 낸다는 것을 생각하면 매우 원시적인 형태의 엔진이었다.

한편 독일의 니콜라우스 오토(Nikolaus August Otto)는 '흡입-압축-폭발-배기'로 작동하는 4행정 내연기관으로 특허를 취득했다. 오토의 4행정 엔진은 오늘날 가솔린 엔진의 원형으로, 기존 2행정 엔진에 비해 연료 효율이 좋고 보다 안정적으로 작동한다는 장점이 있었다. 하지만 오토보다 먼저 특허를 낸 사람이 등장하면서 그의 특허는 취소가 되었고, 4행정 내연기관은 누구나 개발 가능한 장치가 되었다. 그리고 이는 내연기관과 자동차의 발전을 더욱 가속화시켰다.

전기에너지 시대의 내연기관

연비가 좋고 경유 값이 저렴하다는 이유로 한때 디젤 승용차가 많이 판매되었다. 하지만 배출가스를 조작한 폭스바겐의 '디젤 게이트' 사건 이후 디젤 엔진은 미세먼지와 질소산화물 배출의 주범으로 지목되었다. 많은 사람들이 디젤 엔진의 지속가능성에 물음표를 던진다. 내연기관이 살아남기 위해서는 이제 성능보다 환경을 먼저 생각해야 하는 것이다. 하지만 연료를 태워서 움직이는 내연기관의 특성상 이 문제를 완벽하게 해결하는 것은 쉽지 않아 보인다.

그래서 최근 내연기관의 대안으로 전기모터가 주목받고 있다. 전기모터는 내연기관보다 에너지 효율이 훨씬 높은 것은 물론, 환경오염이나 유지보수 측면에서도 유리하다. 때문에 향후 자동차의 엔진은 내연기관에서 전기모터로 빠르게 대체될 것이 분명하다. 사우디아라비아의 석유장관 셰이크 야마니(Sheikh Yamani)는 이렇게 말했다. "석기시대의 종말은 돌이 부족해서 온 것이 아니다." 그의 예언처럼 내연기관의 시대는 석유가 부족해서가 아니라 보다 경제적이고 깨끗한 에너지가 확산되면서 자연스럽게 저물어갈 것이다. 먼 훗날 우리는 내연기관의 엔진 소리와 기름 냄새를 그리워하게 될지도 모른다. 마치 디지털 시대에 오래된 레코드판을 추억하는 것처럼 말이다.

새로운 탈것들은 언제든 원하는 곳으로 이동시켜 주었다.
그야말로 인간의 삶에 강력한 엔진이 장착된 것이다.

얄팍한 교통인문학

증기기관차와
철도교통의 발전

                       지하철에서 사람들은 저마다 스마트
폰에 빠져 있다. 과거에 책을 읽거나 워크맨으로 음악을 들었다면 이
제는 스마트폰으로 게임을 하거나 영화를 본다. 기술의 발전에 따라
대중교통에서 시간을 보내는 방법도 달라진 것이다. 우리는 이동 중
좁은 공간에서 어떻게든 지루함을 달래보려 하는데, 이런 욕구는 철
도교통이 시작될 때부터 형성되었다. 이언 게이틀리(Iain Gately)는 『출
퇴근의 역사』에서 기차가 처음 운행을 시작했을 때 대중들이 그곳에
서 어떻게 시간을 보냈는지 설명한다.

   당시 승객들의 지루함을 해결하는 가장 좋은 콘텐츠는 '책'이었다.
기차를 타면 낯선 타인과 좁은 공간에서 오랜 시간 함께 이동해야 했
다. 그들은 긴 시간을 혼자 견뎌야 했고, 경우에 따라서는 옆 사람과
원치 않은 대화에 휘말릴 수도 있었다. 독서는 강제된 공공장소에서
혼자만의 영역을 구축하고 시간을 보내는 방법이었다. 즉 사람들은

책을 통해 공적인 장소에서 사적인 공간을 확보한 것이다. 구텐베르크의 시대에 이미 인쇄기술이 발명되었으나 책이 본격적으로 유통되어 일상 속으로 들어왔던 것은 철도의 시대부터였다.

기차 이용객은 폭발적으로 증가했고, 도서 판매량도 덩달아 늘었다. 출판사들은 이 기회를 놓치지 않았다. 당시 기차역 간이 판매점에서는 책과 신문을 비롯해 다양한 상품을 판매했는데, 출판사들은 바로 이곳에 기차용 특별판 도서를 공급했다. 기차에서 읽을 책은 부피가 크지 않고 저렴해야 했으며, 출판사들은 이런 조건에 부합하는 작고 가벼운 책을 공급했다. 페이퍼백이나 문고판처럼 작고 간편하게 들고 다닐 수 있는 책은 철도교통과 함께 시작된 셈이다. 또한 철도교통은 이동 중에 책 읽는 문화를 만들어내며 문맹률을 낮추는 데도 일정 부분 기여했다. 물론 이 모든 것들은 증기기관차가 없었다면 불가능했을 것이다.

증기기관차의 탄생

증기기관차가 보급되려면 기존에 말이 끌던 것보다 속도, 힘, 유지비용 등에서 앞서야 했다. 조지 스티븐슨(George Stephenson)은 기관차의 성능을 개선하기 위해 여러 아이디어를 고안해냈다. 그는 연통을 이용한 증기 분사 방식을 적용해서 기관의 동력을 두 배 이상 끌어올렸다. 또한 실린더와 바퀴를 직접 연결해서 효율성을 높였으며, 바퀴에 '커넥팅로드'라는 수평 지지대를 연결해 모든 바퀴가 골고루 동력을 전달받을 수 있도록 했다.

　스티븐슨의 첫 증기기관차는 시범운행에서 평균시속 6.4㎞의 속도로 약 30톤의 석탄을 실은 화차를 끌고 언덕을 올라갔다. 그리 빠르지는 않았지만 말이 끄는 것에 비하면 놀라운 힘이었다. 문제는 속도가 아니라 레일이었다. 당시 선로는 목재나 주철이 사용되었는데 둘 다 증기기관차의 무게를 견디기 어려웠다. 그래서 스티븐슨은 연철로 레일을 만들어 내구성을 높였다.

　증기기관차의 가능성을 확인한 스티븐슨은 스톡턴-달링턴 구간에 철도를 부설하고, 새로운 증기기관차 로코모션호를 개발했다. 로코모션호는 첫 운행에서 450여 명의 승객을 태우고 1시간 만에 14㎞ 떨어진 목적지에 도착했다. 스톡턴-달링턴 구간은 공공수송을 목적으로 부설된 최초의 철도였으며, 로코모션호는 개통 이후 잉글랜드 북부에서 석탄을 운반하기 시작했다.

　한편 승객을 수송하는 최초의 열차는 1830년에 등장한 로켓호였다. 이 무렵 영국에서는 새로 개통되는 리버풀-맨체스터 구간에 어떤 기관차를 투입할지 열띤 논쟁이 벌어졌다. 결국 철도 회사에서는 500파운드의 상금을 걸고 기관차 경주대회를 열었고, 스티븐슨의 로켓호가 우승을 차지하면서 리버풀-맨체스터 구간의 기관차로 선택되었다. 로켓호는 승객 36명을 태우고 50㎞ 거리를 최고시속 46.8㎞로 주파했다. 수레나 마차의 평균속도가 고작 시속 1.5㎞ 정도였으니 그야말로 로켓을 타고 나는 기분이었을 것이다. 실제로 당시 열차에 탑승했던 사람들은 바람을 가르는 황홀감과 빠른 속도의 두려움을 동시에 느꼈다고 한다.

철도교통, 문화를 바꾸다

철도교통은 비교적 저렴한 비용으로 빠르게 이동할 수 있어서 큰 인기를 모았다. 철도교통의 발전과 함께 사람과 물자의 이동반경이 넓어졌고, 작은 지역공동체에 머물러 있던 사회는 국가의 형태로 확장되었다. 철도는 세상을 하나의 길로 연결했다. 그리고 도시를 가로지르며 새로운 삶의 양식과 문화도 함께 실어 날랐다. 특히 증기기관을 이용해 대량으로 인쇄된 신문은 철도를 이용하여 곳곳으로 배달되었다. 이제 사람들은 멀리 떨어진 곳에서 어떤 일이 벌어졌는지 곧바로 알게 되었다.

철도는 세상을 바라보는 관점도 바꾸었다. 굉음을 내며 달리는 거대한 증기기관차는 그 자체로 근대와 진보의 상징이었고, 철도의 구조적·기계적 아름다움은 당대 화가들의 작품 소재가 되었다. 영국의 윌리엄 터너(William Turner)는 1844년 〈비, 증기, 속도〉라는 회화 작품을 선보였다. 이 그림 속의 증기기관차는 뜨거운 열기로 주변 풍경까지 함께 불태우고 있다. 그것은 과거를 태우며 새로운 시대를 향해 달려가는 근대의 모습이기도 하다.

철도는 당시 등장했던 영화 매체에도 많은 영향을 미쳤다. 뤼미에르(Lumière) 형제가 만든 세계 최초의 영화는 기차역에 열차가 들어오는 모습을 담은 50초짜리 무성영화였다. 당시 관객들은 눈앞으로 돌진하는 기차에 놀라 비명을 지르며 도망쳤다고 한다. 또한 미래파 예술가들은 근대 문명이 낳은 속도와 기계에 대한 긍정적인 생각을 작품으로 표현했는데, 그들이 찬미했던 속도의 중심에는 철도와 증기기관차가 있었다.

근대적 인간의 완성

철도교통은 사람들의 일상에 '근대적 시간관념'을 심어놓았다. 기차가 대중화되기 전까지 대부분의 사람들에게 정확한 시간이란 불필요했다. 해가 뜨면 밖으로 나가 노동을 하고 해가 지면 집으로 돌아왔다. 일출·일몰 시간은 지역마다 달랐고, 따라서 서로 다른 시간을 살아갈 수밖에 없었다.

철도교통은 멀리 떨어진 공간을 하나로 연결했고, 정확한 운행을 위해서는 출발 지점과 도착 지점이 같은 시간을 공유해야만 했다. 기차는 정해진 시간표에 따라 항상 정확한 시간에 출발하고 도착했다. 이러한 새로운 교통수단을 이용하면서 사람들의 시간관념도 달라졌다. 정확하고 일정한 기차의 시간에 맞춰 인간의 시간도 변해버린 것이다. 찰리 채플린이 영화 〈모던 타임즈〉에서 풍자한 근대 노동자의 시간 강박은 다름 아닌 철길 위에서 만들어진 셈이다.

열차를 타기 위해서는 정확한 시간을 알아야 했고, 때문에 시계의 수요도 크게 늘었다. 원래 시계는 돈 많은 귀족들의 사치품이었다. 하지만 누구나 기차를 타면서 시계는 필수품이 되었다. 시계를 가진 사람들은 더 이상 기차를 놓칠까봐 걱정할 필요가 없었다. 그리고 기차 탑승을 위해 구입한 시계가 다른 약속에도 활용되면서 모든 사람들이 동일한 시간을 공유하도록 도왔다. 이처럼 철도는 사람들의 삶을 시·분·초 단위로 재구성했다. 그 정교한 시간 속에서 마침내 자신의 삶을 통제하는 근대적 인간이 완성된 것이다.

로켓호에 탑승했던 사람들은
바람을 가르는 황홀감과 빠른 속도의 두려움을 동시에 느꼈다.

얄팍한 교통인문학

범선의 침몰,
증기선의 질주

증기기관이 발명된 이후, 지상에서는 기차가 가축이나 마차와 같은 운송수단을 빠르게 대체했다. 속도와 수송량에 있어 비교가 안 될 만큼 강력했기 때문이다. 하지만 바다에서는 다른 상황이 펼쳐졌다. 증기선이 생각만큼 빠르게 보급되지 않았던 것. 육지에는 기차에 맞설 만한 운송수단이 존재하지 않았으나 바다에는 이미 범선이라는 훌륭한 경쟁자가 있었던 탓이다. 범선은 돛에 바람을 받게 해 전진하는 배로써 오랫동안 바다의 지배자로 군림했다.

초기 증기선은 범선보다 느렸고, 화물 적재량도 떨어졌다. 무거운 증기기관과 각종 기계장치를 탑재해야 했으며, 연료까지 실어야 했기 때문이다. 덕분에 범선은 증기선이 실용화된 19세기 중반까지도 활발하게 사용되었다. 범선의 몰락에 마침표를 찍은 것은 수에즈 운하였다. 이 운하는 유럽과 아시아를 잇는 항로를 무려 7,000㎞ 이상 단축시켰으며 운항시간과 비용도 크게 감소시켰다. 증기선은 좁고 긴 운하를 통과하는 데 유리했고, 항로가 극단적으로 단축되자 풍향에 관계없이 원하는 방향으로 갈 수 있다는 장점이 더욱 부각되었다. 이후 해상 교통 수단은 범선에서 증기선으로 빠르게 바뀌었다.

증기선, 강을 거슬러 오르다

증기선을 발명한 사람은 로버트 풀턴(Robert Fulton)으로 알려져 있으나 그 이전에도 증기선을 상용화하려는 노력이 있었다. 미국의 존 피치(John Fitch)는 풀턴보다 먼저 미국에 증기선을 도입했으며, 1791년에 관련 특허를 받았다. 피치의 증기선은 매우 느렸지만 범선이 갖지 못한 장점이 있었다. 바로 바람에 의존하지 않고, 엔진의 힘으로 속도를 제어할 수 있다는 것이었다. 이는 바람이 없을 때에도 안정적으로 항해하여 예정된 시간에 도착한다는 것을 의미했다.

하지만 피치의 발명에 대중들은 큰 관심을 갖지 않았다. 범선의 성능이 정점에 다다른 상황에서 증기선은 시끄럽고 느리며 위험해 보이는 발명품이었다. 수십 년 전 비행기가 그랬듯 대중은 이 새로운 발명품을 두려워했던 것이다. 결국 증기선의 상업적 성공은 로버트 풀턴의 몫으로 돌아갔다. 풀턴은 외부의 투자를 받아 와트의 개량엔진을 탑재할 수 있는 증기선 클레먼트호를 제작했다. 이 선박은 1807년 첫 항해에서 평균시속 7.4㎞의 속력으로 허드슨강을 거슬러 오르며 항해했고,

얄팍한 교통인문학

이를 계기로 마침내 증기선의 시대가 열렸다. 이후 기술이 발전하면서 증기선의 속도는 점점 빨라졌고, 운행횟수도 크게 증가하였다.

바다로 진출한 증기선

초창기 증기선들은 강에서 운용되었을 뿐 바다로 나아가지는 못했다. 그 이유 중 하나는 선주들의 부정적인 시선이었다. 그들이 생각할 때 증기선은 비효율적인 선박이었다. 바람은 아무리 이용해도 공짜인 반면 증기선은 추진력을 얻기 위해 별도의 비용을 지출해야 했다. 화물을 적재할 수 있는 공간에 대형엔진을 탑재해 운송능력이 떨어진다는 점도 불만이었다. 실제로 초기 증기엔진은 부피가 크고 연료소모도 많았다. 가까운 거리는 괜찮았지만 먼 거리를 항해하려면 다량의 석탄을 실어야 했고, 그만큼 승객과 화물 공간이 줄어들어 채산성을 맞추기 어려웠다.

당시 증기선으로 대서양을 횡단하는 것은, 우주선으로 화성에 가는 것만큼이나 어려운 일로 여겨졌다. 이런 상황에서 1838년 증기선 그레이트 웨스턴호가 대서양 횡단에 성공하자 세계는 열광했다. 이 배는 영국에서 출발한 지 15일 만에 뉴욕에 도착했고, 심지어 돌아올 때는 하루를 더 단축시켰다. 그때까지 가장 빠른 배가 평균 23일이 걸렸고, 되돌아올 때는 바람과 조류 때문에 43일 이상 걸렸던 것과 비교하면 획기적인 속도였다.

아울러 증기선은 엄청난 양의 석탄을 소비하고 내부 공간도 부족했지만 사람들에게 매우 중요한 가치를 제공했다. 바로 여행에 대한 '신뢰'였다. 당시 운행되던 쾌속범선은 바람이 잘 도와줄 경우 증기선보다 빠른 운행이 가능했다. 하지만 자연은 변덕스러웠고, 운이 없으면 1~2주 정도 늦는 일도 다반사였다. 반면 증기선은 평균적으로 조금 느릴지라도 언제나 같은 일정에 따라 운행했고, 출발과 도착 시간이 잘 지켜졌다. 자본주의와 산업화가 빠르게 진행되는 상황에서 정확성과 신뢰성은 중요한 가치였다. 즉 증기선은 기차가 그랬던 것처럼 산업사회에 필요한 '근대적 시간'을 바다에서도 실현시켰다. 그리고 사람들은 그 가치에 기꺼이 비용을 지불했다.

외륜선에서 스크류선으로

디즈니 애니메이션을 본 사람은 영화가 시작되기 전 미키마우스가 휘파람을 불며 배를 조종하는 영상을 기억할 것이다. 이 흑백 영상은 1926년 제작된 세계 최초의 유성 애니메이션 〈증기선 윌리〉의 한 장면이다. 디즈니는 이 기념비적인 작품을 영화의 로고 영상으로 활용해서 자신들의 정통성과 역사성을 드러내고 있다. 여기에 등장하는 증기선은 양 옆에 2개의 수차가 장착된 '외륜선'이다.

수차로 배를 움직이는 방식은 꽤 오래 전부터 존재했다. 하지만 당시 기술 수준으로는 제작 과정이 까다로웠고, 무엇보다 동력원으로

얄팍한 교통인문학

사람이나 짐승의 힘을 이용했기 때문에 널리 확산되지는 못했다. 그러다가 증기기관을 동력원으로 활용하면서 외륜선은 크게 증가했다. 증기기관과 수차의 조합은 초기 증기선의 전형적인 형태였다. 증기기관으로 만들어낸 동력을 수차에 연결시키고, 이 수차를 회전시켜 배의 추진력을 얻는 방식이다. 하지만 배 바깥에 자리 잡은 거대한 외륜은 물과 닿는 면적이 커서 그 효율이 떨어졌다. 반면 스크류선은 선박 뒤쪽 하단에 엔진과 연결되는 프로펠러를 장착하고, 이를 회전시켜 추진력을 얻는 선박이다.

1843년 영국에서 열린 스크류선과 외륜선의 줄다리기 대결은 외륜선 몰락의 분기점이 되었다. 스크류선과 외륜선의 꼬리를 줄로 이은 뒤, 서로 반대 방향으로 움직이도록 했는데, 결국 스크류선이 외륜선을 끌고 가는 것으로 마무리되었다. 이는 외륜선의 몰락과 더불어 스크류 추진 선박의 대중화를 알리는 신호탄이었다. 이와 같이 증기선은 끊임없는 기술 개발을 통해 성능을 개선시켜 나갔고, 마침내 범선을 추월할 수 있었다.

그것은 단지 사라졌을 뿐

범선의 몰락은 수천 년 동안 이어져 온 항해 패러다임의 거대한 변화였다. 그래서 범선의 몰락과 증기선의 발전은 경영학에서 '점진적 혁신'과 '창조적 혁신'의 사례로 종종 언급된다. 범선은 증기선이 등장한

후 70여 년 동안 증기선과의 경쟁에서 대체로 우위에 있었다. 증기선이 처음 등장했을 때 범선 제조사들은 작고 느린 배라면서 그 기술을 무시했다. 하지만 증기선을 범선보다 저렴하게 제작할 수 있게 되자 상황은 역전되었고, 결국 1900년대 들어 범선은 역사 속으로 사라져버렸다.

경영학자들은 범선 제조사들이 증기기관이라는 혁신을 받아들이지 않고 작은 개선에만 집착한 것에서 원인을 찾는다. 이미 기술적으로 완성단계에 있던 범선 제조사들은 부분적인 개선을 통해 증기선과 경쟁했다. 이른바 '점진적 혁신'을 시도했던 것이다. 이들은 돛의 수를 늘리고 흘수선(선체가 물에잠기는 한계선)의 길이를 늘이는 방법으로 속도를 높였는데 그 정점에 있던 배가 토머스 로손호였다. 그러나 이 시점에서 점진적 혁신은 한계에 도달했다. 토머스 로손호는 1927년 암초에 부딪혀 선원 대부분이 실종되며, 이 사고는 범선 시대의 최후를 알리는 상징적인 사건이었다. 반면 전혀 새로운 기술이 탑재된 증기선은 꾸준히 출력과 효율을 끌어올리면서 범선의 자리를 대체하였다.

범선의 침몰과 증기선의 질주는 혁신에 대한 흥미로운 사례임에 틀림없다. 하지만 당시 증기선이라는 새로운 기술 앞에서 범선 제작자들의 선택지는 많지 않았다. 그들은 범선에 증기기관을 붙일 수도 없었고, 더 새로운 동력기술을 만들어낼 수도 없었다. 경영학자들은 점진적 혁신이라며 평가절하했지만 사실 범선 제작자들은 바람을 이용하는 범선의 장점을 살리기 위해 최선을 다했던 것이 아닐까? 새로운 기술이 나타나며 사라진 것들은 범선뿐만이 아니다. 수많은 물건들이 시대의 변화 속에서 쓸쓸히 퇴장했다. 공중전화, 타자기, 주판, 워크맨 같은 것들이 그렇다. 하지만 모든 사라진 것들에게 경쟁에서 졌다고 말하는 것은 가혹하다. 어느 노래 가사처럼 지나간 것은 지나간 대로 의미가 있으니 말이다.

증기선은 엄청난 양의 석탄을 소비하고 내부 공간도 부족했지만
사람들에게 매우 중요한 가치를 제공했다. 바로 여행에 대한 '신뢰'였다.

자동차의 탄생 그리고 대중화

자동차는 다른 외부 동력원 없이 엔진의 힘만으로 움직이는 이동수단이다. 오래 전부터 과학자들은 가축 없이 움직이는 수레에 관심을 가졌고, 그 실현 방법을 고민했다. 레오나르도 다 빈치는 태엽의 힘으로 움직이는 자동차를 설계한 바 있으며, 네덜란드의 물리학자 시몬 스테빈(Simon Stevin)은 바람의 힘으로 움직이는 '풍력수레'를 만들었다. 또한 물리학자 아이작 뉴턴(Isaac Newton)은 증기를 뒤쪽으로 분사시켜 그 반동으로 달리는 추력 자동차를 계획하기도 했다.

이런 생각들은 증기기관이 발명된 후에야 비로소 구체화되었다. 1769년 프랑스의 니콜라 조제프 퀴뇨(Nicolas-Joseph Cugnot)는 제임스 와트의 증기기관을 보고, 이를 이용한 증기자동차를 발명했다. 최초의 증기자동차는 앞쪽에 거대한 보일러가 있었고, 브레이크가 없어서 운전하기 매우 어려웠다. 실제로 테스트 중에 돌벽과 충돌하며 화재가 발생했는데, 이는 인류 최초의 자동차 교통사고였다.

엔진 크기를 줄인 증기자동차는 한때 내연기관 자동차와 경쟁을 벌이기도 했다. 하지만 무거운 무게와 폭발 위험성 등 기술적인 한계로 인해 점차 도태되었다. 자동차가 본격적으로 발전하기 시작한 것은 내연기관이 발명된 이후부터였다. 아니, 내연기관의 역사가 곧 자동차의 역사라고 해도 과언이 아니다.

자동차에 들어간 가솔린 엔진

내연기관과 자동차를 연결한 인물은 독일의 다임러(Gottlieb Daimler)였다. 그는 완벽한 엔진을 개발하고자 동료 마이바흐(Wilhelm Maybach)와 함께 독자적인 내연기관 제작소를 차렸다. 다임러와 마이바흐는 직접 만든 내연기관을 이동수단에 접목시켰다. 그들은 1885년 가솔린을 연료로 사용하는 최초의 모터사이클 라이트바겐(Reitwagen)을 개발했으며, 4년 뒤 마침내 내연기관을 장착한 4륜 자동차를 만들었다.

하지만 다임러의 자동차가 최초의 자동차는 아니었다. 카를 벤츠(Karl Friedrich Benz)는 이미 1885년 석탄가스로 움직이는 3륜 자동차를 개발했고, 이듬해 특허를 받았다. 오늘날 벤츠 브랜드가 고급 자동차의 대명사로 군림하는 것은 품질에 더하여 자동차의 원형을 확립했다는 스토리가 있기 때문이다. 벤츠는 자동차를 일반인들에게 팔기 위해 많은 노력을 기울였으며 가속페달, 점화플러그, 클러치 등 오늘날 자동차의 주요 부품을 개발했다. 그리고 1894년에는 세계 최초의 양산 자동차 벨로(Velo)를 선보였다.

한편 다임러와 벤츠는 제1차 세계대전 이후 악화된 경영환경을 극복하기 위해 1926년 서로 손을 잡고 자동차 업계를 선도해 나갔다. 다임러의 브랜드 메르세데스에 벤츠를 더한 '메르세데스 벤츠'의 전설은 이렇게 시작되었다.

누구나 자동차를 구입할 수 있도록

오늘날 자동차로 이동의 자유를 누리는 것은 벤츠와 다임러 같은 기술적 선구자들 덕분이다. 허나 자동차를 '소유'할 수 있는 것은 사업가 헨리 포드(Henry Ford) 때문이다. 초기의 자동차는 장인들이 수작업으로 생산했기 때문에 비쌌고, 일부 부자들만 구입할 수 있었다. 포드는 이런 자동차 산업에 대량생산 시스템을 적용해서 가격을 획기적으로 낮췄고, 보다 많은 사람들이 자동차를 구입할 수 있도록 했다.

포드의 모델T는 자동차 산업의 진정한 출발점이다. 이전의 자동차들은 소규모 수공업 수준에 머물러 있었다. 고객이 차량을 주문하면 그 요구에 맞게 제조되었고, 부품의 규격이나 조립과정도 모두 제각각이었다. 포드는 이 모든 과정을 단순화시켰다. "당신은 차를 위해 어떤 색깔도 선택할 수 있다. 단 그것이 검은색이기만 하다면!" 이것은 포드가 추구했던 대량생산과 표준화를 극단적으로 보여준 유명한

슬로건이다. 검은색 페인트는 비용을 줄였을 뿐만 아니라 건조가 '빨라서 생산 라인의 속도를 높이는 데 도움을 주었다.

무엇보다 포드가 도입한 컨베이어 벨트 시스템은 자동차 산업은 물론 수많은 제조업의 생산성을 끌어올렸다. 노동자들이 조립라인에서 단순한 작업만 반복하면 자동차가 만들어졌고, 단순 노동의 속도가 곧 생산 속도로 이어졌다. 포드는 노동자들에게 많은 임금을 주면서 이직률을 낮추고 숙련된 인력을 확보했다. 특히 모든 작업 동작을 초 단위로 관리하는 테일러주의는 컨베이어 벨트와 결합하면서 엄청난 화학반응을 일으켰다. 포드는 1908년에 최초의 모델T를 출시했다. 첫 달에 완성된 수량은 단 11대. 하지만 1913년 컨베이어 벨트를 도입하면서 이듬해 일일생산량 1,000대를 기록했고, 이후 생산량이 빠르게 늘면서 연간생산량 100만 대를 돌파했다. 사치품으로 여겨지던 자동차는 컨베이어 벨트 위에서 현대인들의 필수품이 되었다.

자동차의 역설

모델T를 구입한 대중들은 이것을 주로 출퇴근에 활용했다. 바야흐로 자동차 통근 시대가 열린 것이다. 이언 게이틀리의 『출퇴근의 역사』에 따르면 1920년 무렵 자동차 소유주의 90%는 자신의 차량을 업무에 이용하였으며, 주행 거리의 60%가 업무 목적으로 사용되었다고 한다. 모델T는 승차감이 좋지 않고 속도도 빠르지 않았다. 하지만 자동차는 통제된 대중교통의 불편함으로부터 운전자들을 해방시켰다. 이러한 자동차의 장점을 이언 게이틀리는 다음과 같이 묘사했다. "열차에 갇힌 상태에서 운영자의 변덕에 휘둘리는 대신, 이제 각자가 자기만의 작은 배의 선장이 되었으며, 이론상으로는 바로 다음 교차로에서 핸들을 꺾기만 하면 언제라도 일상에서 벗어날 수 있었다." 하지만 당시 운전자들이 이런 자유를 누리기 위해서는 몇 가지 넘어야 할 산이 있었다.

첫 번째는 운전 방법을 익히는 것이었다. 요즘이야 운전면허학원에 등록해서 시간만 투자하면 누구나 운전을 배울 수 있다. 하지만 모델T가 발매될 당시 미국에는 운전면허학원이 없었다. 자동차는 완전히 새로운 기계였고, 운전은 매우 까다롭고 특별한 기술이었다. 그래서 일부 사람들은 아예 운전기사를 고용하기도 했다. 두 번째 장벽은 연료 공급이었다. 요즘처럼 주유소가 널리 보급되지 않았기 때문이다. 그밖에도 주차 문제, 도로 정체 등 자동차는 이동의 자유를 선사하는 것 못지않게 당시 사람들을 구속하였다. 편하기 위해 불편함을 감수해야 하는 '자동차의 역설'은 꽤 오래 전부터 존재했던 셈이다.

자동차, 길을 재구성하다

차의 가격이나 성능을 떠나서 자동차를 소유한다는 것은 그 자체로 특별한 경험이다. 자동차는 운전자의 공간을 변화시키기 때문이다.

얄팍한 교통인문학

운전석에 앉는 순간 모든 길은 언제든 내가 갈 수 있는 길, 선택할 수 있는 길이 된다. 모든 갈림길마다 가능성이 푸른 신호등처럼 빛난다. 마음만 먹으면 언제든 떠날 수 있다. 이를테면 새벽 시간에 훌쩍 바다의 일출을 보러 떠날 수 있는 것이다. 물론 그렇게 미친 척 떠날 수 있는 사람은 많지 않다. 허나 '갈 수 있는 가능성이 열려 있는 것'과 '아예 갈 수 없어서 포기하는 것' 사이에는 너무나 큰 간극이 존재한다.

운전을 하면 길을 보는 관점도 달라진다. 버스나 택시를 탈 때는 그저 구경꾼이다. 운전자가 다 알아서 해주니 도로 상태나 경로에 관심을 가질 필요가 없다. 하지만 직접 운전을 하면 매 순간이 긴장의 연속이다. 도로의 위험 요소를 파악하고 주변의 차들을 살피는 한편, 목적지까지의 경로도 생각해야 한다. 많은 사람들이 인생에서 정해진 경로에 올라탈 뿐 스스로 목적지를 향해 달리기가 어렵다. 그래서인지 자동차에 오르면 뭔가 능동적으로 내 삶을 움직인다는 기분이 가끔 들 때가 있다. 어쩌면 자동차의 엔진소리는 지금껏 다니던 길이 해체되고 새롭게 재구성되는 소리일지도 모른다.

'모델T'는 자동차 산업의 진정한 출발점이다.
포드는 대량생산 시스템을 적용해서 가격을 획기적으로 낮췄고,
보다 많은 사람들이 자동차를 구입할 수 있도록 했다.

모터사이클,
일상으로 떠나는 모험

　　　　　　　　　　　　　　모터사이클은 자동차보다 불편하다. 운전자가 외부에 그대로 노출되기 때문에 여름에는 덥고 겨울에는 춥다. 비와 바람에 온몸으로 맞서야 하고, 자동차들이 내뿜는 매연도 막을 길이 없다. 그럼에도 모터사이클에 오르는 것은 일상의 매 순간을 모험으로 만들기 때문이다. 사람들은 모터사이클을 위험한 물건이라 여긴다. 두 바퀴는 네 바퀴보다 불안하고 쉽게 넘어질 것이라고. 하지만 모터사이클을 타고 바다를 보며 7번 국도를 달린다면 이런 생각은 수평선 너머로 사라져버릴 것이다.

　　1974년 출간된 『선과 모터사이클 관리술』은 아들과 함께 모터사이클 여행을 하는 내용을 담았다. 하지만 이 책은 동시에 '가치'에 대한 철학서이기도 하다. 서두에서 저자 로버트 피어시그(Robert Pirsig)는 자동차와 모터사이클의 차이를 이렇게 설명한다. "차를 타면 어딘가 갇혀 있는 꼴이 되며, 차창을 통해서 보는 모든 사물은 텔레비전의 화면을 통해 보는 것과 같다." 하지만 "모터사이클을 타고 가다 보면 그 화면의 틀이 사라지고, 모든 사물과 있는 그대로 완벽한 접촉이 이루어진다." 당신이 난생 처음 모터사이클을 탄다면 비슷한 것을 경험할 수 있을 것이다. 달리는 내내 풍경은 열려 있고, 노면의 상태, 온도의 변화, 바람의 감촉 등 신체에 전해지는 모든 감각을 입체적으로 경험할 수 있을 것이다. 저자의 말처럼 모터사이클을 탈 때 "모든 사물과 모든 체험은 즉각적인 의식과 결코 격리되어 있지 않은 상태로 존재"한다. 우리는 그런 순간을 '행복'이라고 부른다.

자전거에 엔진을 달다

내연기관을 장착한 모터사이클은 자동차를 만드는 과정에서 탄생했다. 다임러는 1882년 동료 마이바흐와 함께 독자적인 엔진을 개발하고 자신들의 자전거에 탑재했는데, 이것이 세계 최초의 모터사이클이었다. 이것은 판매 목적이 아닌 엔진을 테스트하는 용도였으며, 시속 16㎞까지 낼 수 있었다. 초기 모터사이클은 '자전거'에 '엔진'을 장착한 것이었고, 이 두 가지 요소와 함께 진화하였다.

19세기 말에는 로버 세이프티 자전거로 대표되는 '안전 자전거'가 전 세계적으로 인기를 얻었다. 제조사들은 이 자전거의 프레임에 엔진을 부착하는 방법으로 모터사이클을 만들어내기 시작했다. 실제로 이 시기의 제품들은 모터사이클보다는 자전거에 더 가까운 모습이었

얄팍한 교통인문학

다. 얇은 프레임에 연료탱크와 엔진 그리고 페달이 장착되어 있었다. 자전거와 모터사이클의 중간 형태인 모페드(moped)에 가깝다.

지금도 유명한 인디언이나 할리데이비슨 같은 기업도 이 무렵 설립되었다. 하지만 모터사이클은 대중교통으로 확산되지 못하고 자동차에게 자리를 내주었다. 포드가 모델T를 판매하면서 자동차가 대중화되자 모터사이클은 취미용품이 되었고, 그 중심에는 모터사이클 경주대회가 있었다. 경주는 미국 전역에서 열렸고, 수많은 선수들이 실력을 겨루었다. 스피드를 겨루는 과정에서 모터사이클의 성능도 점차 향상되었다.

스쿠터의 원형, 베스파

오직 빠른 속도를 위해 질주하던 모터사이클은 제2차 세계대전 이후 이탈리아에서 생활용 이동수단으로 자리 잡았다. 1946년 엔리코 피아지오(Enrico Piaggio)는 전쟁이 끝난 후 저렴한 개인용 교통수단의 수요가 증가할 거라 생각하고 독특한 동력 자전거를 발명했다. 이 동력 자전거는 기존의 모터사이클과 달리 엔진이나 구동 관련 부품들이 보이지 않도록 차체로 덮여 있었고, 비바람이나 흙이 튀는 것도 막을 수 있도록 디자인되었다. 오늘날 우리가 '스쿠터'라고 부르는 탈것의 전형적인 모습이다.

피아지오는 이 독특한 모터사이클에 베스파(Vespa)라는 이름을 붙였다. 베스파는 '말벌'을 뜻하는데, 잘록한 허리에 뒷부분이 통통한 외형 그리고 달릴 때 윙윙거리는 말벌 소리 때문에 붙여진 이름이었다. 베스파는 이탈리아 노동자들의 이동수단으로 사랑받았고, 1953년 개봉된 영화 〈로마의 휴일〉에서 주인공 남녀의 데이트에 사용되면서 전 세계적으로 유명한 탈것이 되었다. 영화의 흥행 이후 베스파는 단순한 이동수단을 넘어 패션 아이콘이 되었다. 그리고 1960년대에 들어 영국에서 모즈(Mods)라 불리는 독특한 문화를 형성해 나가기 시작했다.

모즈는 모더니스트(modernist)에서 파생된 단어로, 당시 모즈족들은 단정한 헤어스타일에 깔끔한 슈트를 차려 입고, 그 위에 큰 점퍼를 걸친 채 베스파나 람브레타 스쿠터를 탔다. 흥미로운 점은 모즈족들 대부분이 하층 노동자 계급이었다는 것이다. 이들은 평소 노동자로 생활하지만 주말이면 슈트를 차려 입고 베스파를 타며 일탈을 꿈꿨다. 각박한 삶에 대한 울분과 상류층에 대한 동경을 베스파 스쿠터를 통해 풀어냈던 셈이다. 모즈족들에게 베스파는 자동차처럼 이룰 수 없는 비현실적인 꿈이 아니었다. 베스파는 월급을 모으면 살 수 있는 물건이었고, 잠시나마 어디든 달려갈 수 있는 자유를 허락해 주었다.

모즈 VS 락커즈

모즈를 이야기 할 때 모터사이클를 타는 또 하나의 청년 집단 락커즈(Rockers)를 빼놓을 수 없다. 모즈들이 정장을 입고 베스파를 타고 다

넀던 반면, 락커즈들은 가죽자켓에 롱부츠를 신고 경주용 모터사이클을 탔다. 그들은 모터사이클을 타고 몰려다니며 록큰롤 음악에 심취했고, 인위적으로 거친 이미지를 드러내고자 했다.

겉보기와 달리 락커즈들은 주로 카페에서 차를 마시며 잡담하는 것을 즐겼다. 그리고 모터사이클을 타고 카페와 카페 사이를 달리는 단거리 경주를 즐겼다. 경주에서 빠른 속도를 낼 수 있도록 불필요한 부품을 제거하고 차체와 엔진을 개조하기도 했는데, 이런 스타일의 모터사이클은 현재까지도 카페레이서(cafe racer)라고 불리며, 빈티지 모터사이클 마니아들의 사랑을 받고 있다.

하지만 락커즈들의 반항적이고 거친 이미지는 일종의 흉내내기에 불과했다. 그들이 타고 다니던 경주용 모터사이클은 평범한 젊은이들이 구입하기에 비싼 물건이었다. 즉 락커즈들은 대부분 상류층 자녀들이었다. 노동자 모즈들이 자신들의 일상을 감추기 위해 슈트를 입었다면, 금수저 락커즈들은 자신들의 유약함을 숨기기 위해 가죽자켓을 입었다.

취향은 물론 계급적으로도 서로 대척점에 있던 이들은 만날 때마다 충돌했고, 결국 1964년 영국의 브라이튼 해변에서 대규모 혈투를 벌이게 되었다. 이 싸움에서 락커즈가 패배하면서 모즈는 영국 젊은이들 사이에서 주류문화로 떠올랐다. 비틀즈가 데뷔할 때 머리부터 발끝까지 모즈룩으로 꾸몄다는 것은 당시 모즈가 젊은이들 사이에서 얼마나 큰 영향력을 발휘하였는지 보여준다.

단 5분이라도 전력을 다하는 삶

영화 〈세상에서 가장 빠른 인디언〉은 인생에서 가장 소중한 것을 향해 질주했던 한 인물의 실화를 다뤘다. 주인공은 뉴질랜드 출신의 버트 먼로(Burt Munro). 그의 꿈은 자신의 '인디언' 모터사이클을 타고 '세상에서 가장 빠른' 순간에 도달하는 것이다. 꿈을 이루기 위해 선택한 장소는 미국 보네빌 소금사막. 버트 먼로는 5년 동안 저축한 돈과 주변의 후원금을 모아서 1962년 화물선을 타고 미국으로 건너간다. "가야 할 때 가지 않으면, 가려할 때 갈 수 없다"고 말하며. 그리고 보네빌에서 그는 직접 개조한 인디언을 타고 시속 288km로 달려 세계 기록을 세웠다. 당시 나이는 64세. 마침내 먼로의 모터사이클은 '세상에서 가장 빠른 인디언'이 되었다. 영화에서 옆집 꼬마가 "모터사이클을 타다가 다치거나 죽을까봐 두렵지 않냐"고 물었을 때 먼로는 이렇게 대답했다. "5분만이라도 모터사이클을 탄 채 전력을 다하는 것이 다른 사람들이 평생을 사는 것보다 의미 있을 수도 있단다."

모터사이클을 탄다고 하면 모두들 위험하니 타지 말라고 충고한다. 맞는 말이다. 모터사이클은 사고가 났을 때 자동차보다 운전자가 중상을 입을 확률이 더 높다. 하지만 사고가 발생할 확률 자체는 자동차보다 낮으며, 각종 통계가 이를 증명하고 있다. 헬멧 등 안전장비를 제대로 갖추고 올바르게 운전하면 생각보다 위험하지 않다. 무엇보다 사고의 가능성 때문에 외면하기에는 모터사이클이 주는 장점이 너무

알팍한 교통인문학

나 많다. 만약 100% 안전이 보장된다면 그것만큼 지루한 것이 또 있을까? 모터사이클도 그리고 우리의 삶도.

달리는 내내 풍경은 열려 있고,
노면의 상태, 온도의 변화, 바람의 감촉 등
신체에 전해지는 모든 감각을 입체적으로 경험할 수 있다.

하늘을 향한
인간의 꿈

고대 그리스 신화에는 하늘을 날고 싶었던 인간의 욕망이 담겨 있다. 아테네의 천재 기술자 다이달로스는 깃털을 모아 날개를 만들고, 하늘을 날아서 크레타 섬을 탈출하는 데 성공했다. 하지만 그의 아들 이카로스는 태양 가까이 다가가는 바람에 그만 추락하고 말았다. 인간의 하늘 정복은 신화 속 이야기처럼 새의 날개를 모방하는 것에서 시작되었다. 하지만 이 방법으로 하늘을 나는 데 성공한 사람은 없었다. 인체의 구조가 날개를 움직여서 비행하는 데 적합하지 않기 때문이다.

수많은 실패 속에서도 하늘을 날고 싶은 인간의 꿈은 좀처럼 추락하지 않았다. 물론 무모한 도전만 이어졌던 것은 아니다. 하늘을 날 수 있는 방법을 체계적으로 연구해서 과학적으로 증명하려는 사람도 있었다. 흔히 항공역학의 이론적 선구자로 레오나르도 다 빈치를 꼽는다. 그는 "어떤 물체든 공기가 그 물체에 주는 힘으로 날 수 있다"고

했으며, 날개를 움직여 하늘을 나는 비행장치를 그림으로 남겼다. 당시로서는 앞선 생각이었지만 여전히 비행에 필요한 힘을 인간의 근육에서 얻으려고 했다는 점에서 한계가 있었다.

열기구로 하늘에 오르다

인류의 첫 번째 비행은 열기구를 통해 실현되었다. 18세기 말 프랑스의 몽골피에(Montgolfier) 형제는 우연히 빨래를 말리기 위해 피워놓은 연기를 보고 열기구를 생각해냈다. 뜨거운 열기에 바지 주머니가 부풀어서 공중으로 날아올랐던 것이다. 조제프 미셸 몽골피에(Joseph-Michel Montgolfier)는 나무로 사각 틀을 짜고 비단 천으로 주머니를 만들어 덮은 뒤 연기 위에 올려놓았다. 그러자 기구가 천천히 움직이며 천정까지 닿았다. 공기를 이용해 하늘로 날아오르는 최초의 '열기구'였다. 그는 곧바로 동생을 찾아가 본격적인 열기구 개발에 착수했다.

몽골피에 형제는 1782년 첫 번째 열기구 실험을 진행하여 약 2km 거리를 비행하는 데 성공했다. 이듬해 두 번째 시험비행에서는 직경 11m의 열기구로 2,000m 상공까지 날아올랐다. 이들의 열기구 비행은 프랑스 전역을 뜨겁게 달구었다. 여러 차례 시험비행을 통해 자신감을 얻은 몽골피에 형제는 마침내 1783년 열기구를 사용한 인류 최초의 유인비행에 성공했다.

지금도 캐나다 퀘벡 주에서는 이 형제의 이름을 따서 '몽골피에 국제 열기구 축제'를 개최하고 있으며, 매년 40만 명이 넘는 관광객이 열기구를 구경하기 위해 모여든다. 하지만 열기구는 인간을 하늘로 올려 보냈을 뿐 '비행'이라고 하기에는 무리가 있었다. 열기구에 탄 사람들이 '자유롭게' 날 수 없었기 때문이다. 이런 한계는 또 다른 비행 장치의 개발로 이어졌다.

거대한 비행선의 시대

열기구에 증기기관이 더해지면서 독특한 비행장치가 등장했다. 프랑스의 앙리 지파르(Henri Giffard)는 1852년 대형 기구에 증기엔진과 프로펠러를 장착한 '비행선(airship)'을 개발했다. 물체를 공중에 띄우는 힘인 부력에 추진력을 결합시켜 하늘을 떠다니는 배를 만든 것이다. 공기 저항을 줄이기 위해 비행체는 유선형으로 만들었고, 여기에 3마력을 낼 수 있는 증기 엔진과 프로펠러를 달았다. 지파르는 방향을 바꾸면서 약 27㎞를 비행했는데, 이것은 공중에서 동력장치를 이용했을 뿐만 아니라 조종까지 가능했다는 점에서 본격적인 비행의 시작이었다.

이러한 비행선을 항공교통으로 발전시킨 인물이 있다. 바로 '비행선의 아버지'로 불리는 페르디난트 체펠린(Ferdinand Zeppelin)이다. 그는 1900년에 거대한 유선형 경식 비행선 LZ-1호를 개발했다. 초기 비행선 대부분이 두꺼운 천으로 만들어진 것과 달리 이 비행선은 두랄

루민합금으로 만들어졌으며, 그 안에 여러 개의 수소가스 주머니를 넣어서 부력을 얻었다. 이후 체펠린은 꾸준히 비행선의 성능을 개선했고, 자신의 비행선으로 운송업에 뛰어들었다.

비행선 시대의 정점은 초대형 비행선 힌덴부르크호였다. 이 비행선은 길이 245m, 직경 41.2m로 축구장 세 배 정도의 크기였다. 오늘날 꿈의 비행기라고 불리는 에어버스의 A380 여객기가 길이 73m, 높이 24m라는 점을 생각하면 이 비행선은 그야말로 엄청난 크기였다. 바다에 타이타닉호가 있었다면, 하늘에는 힌덴부르크호가 있었던 셈이다. 하지만 이 비행선은 1937년 폭발사고로 많은 사상자를 냈고, 이를 계기로 비행선의 시대는 막을 내리게 되었다. 여담으로 1970년대 전설적인 록밴드 레드 제플린(Led Zeppelin)의 데뷔앨범에는 힌덴부르크호의 폭발사고 장면이 그려져 있다.

그리고 비행기의 시대로

'부력'을 이용한 비행선의 시대가 저물면서 '양력'을 이용한 비행기의 시대가 새롭게 시작되었다. 양력은 유체의 흐름이 변화하면서 생기는 압력의 차이 때문에 발생한다. 물체는 모든 방향에서 일정한 압력을 받는데, 만약 한쪽의 압력에 변화가 생기면 압력이 낮은 쪽으로 밀리는 힘을 받게 되는 것이다. 과거 인간이 롤 모델로 삼았던 새들도 모두 이 방법으로 하늘을 날았다.

흔히 비행기를 발명한 사람으로 라이트형제를 떠올리지만 그 이전에도 항공역학과 비행에 도전한 수많은 선구자들이 있었다. 특히 동력비행에 관한 항공이론을 과학적으로 체계화한 인물은 조지 케일리(George Cayley)였다. 그는 1809년 『공중 비행론』에서 고정날개와 공기의 힘을 이용하면 양력이 발생해 공기보다 무거운 장치도 비행할 수 있다는 새로운 비행이론을 제시했다. 또한 항공사상 최초로 무인 글라이더를 만들어 비행하는 데 성공하기도 했다. 특히 그가 만든 글라이더는 고정식 날개와 방향타를 갖추는 등 현대적 비행기의 기본 형태를 보여주었다.

이후 많은 항공 선구자들이 고정날개를 갖춘 글라이더로 비행에 도전했고, 여기에 동력장치와 프로펠러를 결합해 동력비행으로 발전시켰다. 처음에는 무거운 증기기관을 사용했기 때문에 실패를 거듭했으나 마침내 1903년 라이트 형제가 가솔린 엔진을 사용한 플라이어 1호로 인류 최초의 유인 동력비행에 성공했다. 그 후 짧은 기간에 항공기는 눈부신 발전을 거듭했다. 마침내 인간은 새처럼 하늘을 날고 싶어 했던 꿈을 넘어 새보다 더 빨리, 더 높이 날 수 있게 되었다. 그리고 하늘을 정복한 인간은 이제 우주를 향해 그 꿈을 이어가고 있다.

얄팍한 교통인문학

인류의 첫 번째 비행은 열기구를 통해 실현되었다.

항공기의 발전과
공항의 역사

휴가철이 되면 인천공항은 해외로 출국하는 사람들로 북적인다. 공항은 비행기가 안전하게 제 역할을 수행할 수 있도록 돕는 곳이자 전 세계 사람들에게 여행의 추억을 전하는 매력적인 공간이다. 또한 모든 교통관련 시설 중에서 가장 규모가 크고 복합적인 공간이기도 하다. 공항에는 항공기 이착륙 통제, 출입국 관리, 수화물 관리, 탑승권 판매 등 다양한 기능이 하나로 통합되어 있다.

항공기가 이착륙할 수 있는 대규모 시설은 군용 비행장에서 출발했다. 사실 비행기가 뜨고 내리기 위해서는 넓은 공간과 평평한 바닥이면 충분하다. 그래서 항공 산업 초창기에는 활주로에 간단한 시설물 정도가 전부였다. 하지만 항공기가 점차 무거워지고 승객과 화물이 증가하면서 아스팔트로 포장된 긴 활주로와 화물 처리시설, 탑승 공간 등을 갖추게 되었다.

초기 공항은 마치 시골의 버스터미널처럼 간단한 시설만 갖추고 있었다. 1911년에 개항한 샌프란시스코 공항은 비포장 활주로와 주차장, 목조로 된 사무실과 식당만 갖출 뿐이었다. 그러나 새로운 비행기의 등장과 함께 장거리·대량수송 체계가 확립되고 운행시간이 단축되면서 많은 이용객들이 생겨났으며, 이에 따라 공항의 시설도 차츰 현대화되기 시작했다.

상업비행의 성장과 공항시설의 확대

오늘날과 같은 대규모 공항이 생겨난 것은 상업 운송의 확대 그리고 항공기의 발전과 밀접한 관련이 있다. 최초의 상업 비행은 1914년 미국에서 이뤄진 우편물 수송이었으며, 1918년에는 오스트리아-우크라이나 간에 국제우편비행이 시작되었다. 그리고 1925년 LA와 샌디에이고를 연결하는 여객 노선과 함께 상업 운송이 본격화되었다. 팬암항공, 에어프랑스, 유나이티드항공 등 유명 항공사들도 이 시기에 설립되기 시작했다.

초창기 항공기는 프로펠러 방식이었다. 1935년 개발된 더글라스 DC-3는 두 개의 프로펠러를 갖춘 항공기로써 '하늘을 나는 기차'라 불릴 만큼 많은 인원을 수송할 수 있었다. 하지만 프로펠러기는 제트엔진의 등장과 함께 점차 그 모습을 감췄다. 1950년대 말부터 등장하기 시작한 보잉 707 이후 전 세계 항공기 시장은 빠르게 제트항공기

중심으로 재편되었다. 제트기는 기존의 프로펠러기보다 훨씬 높은 곳에서 비행할 수 있었고, 동체를 크게 확장해 더 많은 승객을 태울 수 있었다. 무엇보다 항공기의 안전성이 비약적으로 높아지면서 항공교통이 대륙을 잇는 주류 운송수단으로 자리 잡게 되었다.

이런 변화에 발맞춰 공항 시설도 크게 변했다. 제트항공기의 이륙을 위해서는 약 3㎞의 긴 활주로가 필요했고, 대형 항공기가 머무를 공간도 있어야 했다. 따라서 공항은 갈수록 넓어졌으며, 여행자들이 탑승 대기 시간이나 환승 시 지루하지 않도록 각종 편의 시설도 마련되기 시작했다. 한편 항공기가 새로운 교통수단으로써 각종 산업 발전에 영향을 미치자 각국 정부에서는 항공사 확보, 공항 시설의 현대화, 공항 관리 등 항공 관련 사업을 적극적으로 지원하였다. 이처럼 공항의 발전과 함께 항공기는 빠르고 안전한 대중 교통수단으로 성장할 수 있었으며, 이는 항공 운송 기술의 혁신으로 이어졌다.

현대적 공항의 등장

항공산업의 중요성을 인식한 각 국가들은 자국 산업을 보호하기 위해 타 국가의 항공운송업 진출을 강력히 규제하였다. 그러나 이러한 보호정책 때문에 미국에서는 5개 항공사가 독과점하는 부작용이 나타나기도 했다. 결국 미국 정부는 1978년 '항공사규제완화법'을 제정하였고, 법 시행 이후 수많은 신규 항공사들이 설립되면서 항공요금이 대폭 낮아졌다.

또한 1970년대부터 본격적인 제트여객기 시대에 돌입했다. 특히 보잉 747, 더글라스 DC-10, 에어버스 A300과 같은 대형 점보여객기는 많은 승객을 보다 먼 거리까지 운송할 수 있었고, 이는 항공 여행의 대중화 시대를 열었다. 공항 이용객의 요구는 다양해졌으며, 이는 기존 공항의 기능과 역할을 새롭게 변화시키는 계기가 되었다. 공항이 단순히 비행기가 이차륙하는 곳이 아니라 기대한 종합 서비스 센터로 기능하게 된 것이다.

실제로 공항의 기능은 점점 복잡하고 다양해지고 있다. 운송 규모가 커지면서 공항 규모 또한 점차 커지고 있으며, 항공기 및 비행 시스템의 발달에 따라 첨단 장비들을 도입해 항공기의 안전한 이착륙을 돕고 있다. 오늘날 공항 시스템에서 중요한 것은 승객들의 대기시간 단축과 빠른 이동이다. 따라서 이용자가 공항에 신속히 접근할 수 있도록 도로, 철도, 지하철 등 일반 교통과의 연결을 모색하는 한편, 입출국 시스템이나 수하물 처리 시스템을 전산화 · 자동화하고 있다. 이와 함께 상가, 식당, 호텔 등 각종 편의 시설도 경쟁적으로 확충하고 있다.

한국 공항의 역사

대한민국 공항의 역사는 일제강점기로 거슬러 올라간다. 당시 서울,

대구, 평양, 신의주, 울산 등지에 비행장이 건설되었으나 이는 일제의 대륙 침략을 위한 군사용 시설에 불과했다. 물론 이때 건설된 공항 시설이 우리나라 공항산업의 출발점이 되었다는 것은 분명하다. 실제로 1916년 건설된 여의도 비행장은 해방 후 국제공항으로 승격되었고, 1958년 김포공항 개항 이전까지 그 역할을 수행하기도 했다. 군용으로 전환된 여의도 비행장은 1971년 성남 비행장이 만들어지면서 여의도 광장이 되었고, 현재는 여의도 공원으로 조성되어 있다. 그렇게 비행기가 이착륙하던 차가운 활주로는 따뜻한 도심의 산책로가 되었다.

김포공항 역시 일제강점기에 일본군의 비행훈련장으로 문을 열었다. 해방 후에는 미군 비행장으로 사용되다가 1958년 국제공항으로 바뀌면서 오랜 기간 우리나라의 관문이 되었다. 하지만 해외여행 자유화로 항공수요가 폭발적으로 증가했고, 김포공항의 시설은 금세 포화상태에 이르렀다. 이에 따라 2001년 영종도에 인천국제공항이 새롭게 문을 열었다. 인천공항은 현재 세계 최고 수준의 시스템과 편의시설을 갖춘 공항으로 전 세계인들의 사랑을 받고 있으며, 동북아시아 항공교통의 중심으로 성장하고 있다.

공항, 그 가능성의 공간

가끔 인천공항에 가서 커피만 마시고 돌아오는 사람들이 있다. 비록 바빠서 떠날 수는 없지만 공항에 잠시 머무는 것만으로도 여행의 기

얄팍한 교통인문학

분을 느낄 수 있다는 것. 단지 허세나 허영으로 치부할 것은 아니다. 여행의 절반은 기분이고, 공항은 그 기분이 가장 극대화되는 공간이기 때문이다. 전 세계에서 모여든 수많은 인종들, 형형색색의 여행가방, 굉음을 울리며 날아오르는 비행기까지. 그 모든 것이 우리에게 어디론가 떠나라고 소리친다. 중세 유럽의 속담에 빗대어 말하면, "공항의 공기는 인간을 자유롭게 한다."

공항은 인공적으로 만든 거대한 경계다. 이곳은 한 국가의 안에 있으면서, 동시에 바깥에 존재한다. 공항의 출국심사대를 떠나는 것은 곧 국경을 넘는 것이다. 출국 라운지에 면세점이 있는 것도 그곳이 세금을 거둘 수 없는 구역이기 때문이다. 국경은 넘었지만 아직 비행기를 타지 않았기 때문에 여전히 공간적으로는 국경 안에 있다. 이런 모순적인 특성이 공항을 마치 낯선 나라에 온 것처럼 만드는 것이다. 영화 〈터미널〉은 이런 공항공간을 이야기의 소재로 활용했다. 주인공은 공항에 도착하는 순간 고국에서 쿠데타가 일어나 무국적자가 되어버린다. 고향에 돌아갈 수도 없고 미국에 입국할 수도 없는 상황에서 그는 공항의 노숙자가 된다. 삶 전체가 경계에 갇혀버린 셈이다.

알랭 드 보통(Alain de Botton)은 『공항에서 일주일을: 히드로 다이어리』에서 행선지를 안내하는 비행일정 스크린만큼 공항의 매력이 집중된 곳은 없다고 말한다. 스크린에는 낯선 나라와 도시의 이름이 빼곡하게 적혀 있다. 우리는 창구에서 티켓만 구매하면 그중 어디든 곧바로 떠날 수 있다. "이 스크린은 무한하고 직접적인 가능성의 느낌을 내포하고" 있다. 그리고 "우리가 누구인지 아무도 모르는 나라로 떠나는 일이 얼마나 쉬운지"를 보여준다. 그런 점에서 공항은 단순히 비행기가 이착륙하는 곳이 아니라 무한한 가능성의 공간이다. 공항으로 가는 길은 그래서 언제나 들뜨고 흥분된다.

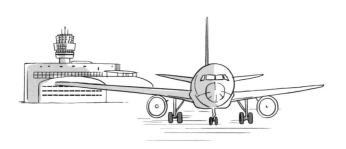

공항의 발전과 함께 항공기는 빠르고 안전한 대중 교통수단으로 성장할 수 있었으며, 이는 항공 운송 기술의 혁신으로 이어졌다.

무인자동차 시대의 삶

오래 전 〈꼬마자동차 붕붕〉이라는 만화가 있었다. 한 소년이 폐차장에서 만난 자동차 '붕붕'과 함께 엄마를 찾아 모험을 떠나는 이야기였다. 붕붕은 살아서 움직이는 것은 물론 인간처럼 생각하고 말도 할 줄 아는 자동차다. 심지어 붕붕은 알에서 태어났고, 꽃향기를 맡으면 힘이 솟아난다. 어린 소년이 운전면허증도 없이 전 세계를 마음껏 여행할 수 있었던 것은 꼬마자동차가 스스로 판단해서 안전하게 달려줬기 때문이다. 돌이켜 생각해보면 꼬마자동차 붕붕은 꽤 높은 수준의 인공지능을 갖춘 자율주행 자동차였던 셈이다.

〈꼬마자동차 붕붕〉 이후로 30년이 지난 오늘날, 자동차업계의 화두는 자율주행이다. 레이더와 같은 센서장비가 발전하고 IT 기술이 발전하면서 사람의 조작을 최소화하는 기술들이 속속 등장하고 있다. 요즘 자동차는 센서로 앞차와의 거리를 계산하며, 장애물을 인식해 속도를 조절하고 브레이크를 제어한다. 카메라로 차선을 인식해서 조향까지 자동으로 수행하기도 한다. 아직 완벽하지는 않지만 이런 기술들이 정체구간에서 운전자의 피로를 줄여주고 안전운전에 도움을 주는 것은 분명하다.

자율주행 기술은 앞으로 더 많은 신뢰성, 안전성, 경제성을 확보하면서 대중화될 것이다. 그리고 언젠가는 사람의 개입 없이 스스로 움직이는 무인자동차의 시대가 열릴지도 모른다. 〈꼬마자동차 붕붕〉이 더 이상 만화가 아닌 현실이 되는 것이다. 물론 꽃향기 때문에 엔진 출력이 증가하지는 않겠지만 말이다.

교통사고를 줄이는 무인자동차

자율주행 무인자동차는 그저 '사람이 운전하지 않기 때문에 편리하다'는 것으로 끝나지 않는다. 진짜 가능성은 편리함 너머에 있다. 가장 먼저 기대할 수 있는 것은 교통사고율의 감소다. 아직은 안전성을 100% 신뢰할 수 없지만 관련 기술이 발전하여 정교한 시스템이 갖춰진다면 교통사고의 위험이 훨씬 줄어들 것이다. 최근 자율주행의 안전성에 대한 논란이 분분하다. 각 기업들의 자율주행 관련 자동차의 연구가 이어지는 상황에서 안전사고가 여러 차례 발생했기 때문이다.

2018년 미국 애리조나 주에서는 우버가 시험운전 중이던 자율주행 자동차가 무단횡단하는 보행자를 치어 사망하게 한 사고가 발생했다. 당시 우버의 자율주행 자동차는 늦은 밤에 4차선 도로에서 보행자를 감지하지 못했다. 비슷한 시기에 미국 캘리포니아 주에서는 테슬라의 모델X 자율주행 자동차가 고속도로 중앙 분리대를 들이받으면서 운전자가 사망하기도 했다. 이처럼 변수가 많은 도로에서 기계가 실수할 가능성을 배제할 수 없다. 하지만 적어도 현재 사람이 제어하는 것보다는 안전 측면에서 뛰어날 것이라는 게 중론이다. 기계는 미리 정해진 알고리즘과 원칙에 따라 움직인다. 그래서 극단적인 돌발 상황만 아니라면 평균적으로 더 높은 수준의 안전을 유지한다.

판단능력과 제어능력이 동일하다면 신뢰성이 떨어지는 것은 오히려 인간 쪽이다. 사람은 감정이나 상황에 따라 운전하는 태도가 달라진다. 어떤 사람들은 상습적으로 과속, 난폭운전, 신호위반, 음주운전 등 교통법규를 위반하기도 한다. 그리고 이런 사람들이 대부분 교통사고를 유발한다. 하지만 기계는 그러한 변수를 허용하지 않는다.

모든 것이 통합된 운송 네트워크

자율주행 자동차가 대중화되면 교통체증도 상당부분 해소될 것이다. 관련 연구에 따르면 교통체증의 대부분은 특별한 사고나 취약한 도로 환경이 아니라 '다수의 평범한 운전자들' 때문에 발생한다. 운전자들은 앞차와의 거리를 일정하게 유지하려는 노력을 하지 않는다. 일정하지 않은 속도의 자동차가 모여서 결국 도로 정체를 유발시킨다. 병목지점 앞에서 지나치게 일찍 한쪽 차선으로 몰리는 현상도 정체를 일으킬 수 있다. 사실 교통체증은 인간이 자동차를 운전하는 이상 어쩔 수 없는 현상이다. 하지만 자율주행 자동차라면 자동화된 시스템으로 이런 문제를 해결할 수 있다.

자율주행 자동차는 기존의 교통시스템 안에서 자동차 자체의 인공지능과 주행능력을 끌어올리는 데 초점이 맞춰져 있다. 그러나 미래의 자율주행 자동차는 거대한 운송 네트워크의 일부로서 존재할 것이다. 현재는 도로 시스템을 개별 자동차들이 함께 이용하는 형태다. 법, 제도, 시스템으로 통제하고 있지만 운전자 개인의 성향과 돌발상황 등 통제할 수 없는 영역도 있다. 미래에는 이런 것들이 모두 하나의 시스템으로 통합된다. 실시간 교통상황을 컴퓨터가 감지하고 경로를 탐색하는 것은 물론 차량의 속도를 조절하고 교차로 진입 타이밍을 결정하는 등 모든 것을 운전자가 아닌 시스템이 처리하게 될 것이다.

이에 따라 도로와 자동차의 모습도 크게 달라질 것이다. 영화 〈마이너리티 리포트〉에서 자동차들이 건물 벽을 따라 수직으로 이동하고 집 안에 들어오는 것처럼 도로와 건물의 경계가 사라지고 자동차가 승객을 나르는 캡슐처럼 바뀔지도 모른다. 실제로 도로를 능동적으로 활용하기 위한 다양한 시도들이 이어지고 있다. 도로 자체에 태양광 패널을 이식해 무선으로 차량을 충전시킨다는 계획이 대표적이다. 이처럼 도로, 자동차, 시스템이 하나로 결합된 거대한 운송 네트워크에서 인간은 탑승자의 역할만 수행하게 될 가능성이 높다. 운전수라는

얄팍한 교통인문학

직업이 사라지고 '운전의 재미'에 대해 말할 수 없는 시대가 다가오는 것이다.

기술에 대한 사회적 합의

하지만 기술이 아무리 발전하더라도 교통사고는 언제든 발생할 수 있다. 자율주행 자동차가 보편화된다면 그 사고에 대한 법적 책임은 누구에게 있을까? 2016년 구글의 자율주행 자동차가 시험운행 중 과실로 사고를 냈다. 다행히 인명피해는 없었지만 사건을 두고 다양한 논쟁이 벌어졌다. 현행 법률 체계에서는 운전석에 앉은 사람이 어쨌든 책임을 져야 한다. 자동차가 자율주행 시스템으로 도로를 달리더라도 법적인 운전자는 여전히 사람이기 때문이다. 보험금 처리 역시 동일한 기준으로 적용된다.

하지만 앞으로 기술 변화에 따라 제조사가 책임져야 할 가능성도 배제할 수 없다. 상황에 따라 자동차의 인공지능 시스템을 운전자로 해석할 수도 있기 때문이다. 물론 여기까지 도달하기 위해서는 사회적 합의가 필요하다. 인공지능 컴퓨터를 운전자로 인정하기 위해서는 다양한 상황과 위기에 대처하는 능력을 다른 운전자들이 충분히 납득할 수 있어야 한다. 그리고 어쩌면 이것이 기술 개발보다 더 어려운 과정일 수도 있다.

도덕적인 부분도 논의해야 할 문제다. 예를 들어 10명을 피하기 위해 1명을 희생하도록 설정된 자율주행 자동차를 어떻게 볼 것인가? 이런 윤리적인 문제에도 충분한 논의가 필요하다. 발전하는 자율주행 자동차의 속도에 맞춰 윤리적, 법적, 제도적 기준에 대한 연구와 사회적 합의가 필요한 시점이다. 세탁기, 청소기 같은 도구들이 인간을 노동에서 해방시켰듯이 자율주행 자동차도 인간을 운전 노동에서 해방시킬 것이다. 그리고 우리는 더 많은 자유를 누리게 될 것이다. 하지만 자유에는 늘 책임이 따른다. '자율주행 자동차'라는 기술을 누리기 위해 우리가 책임져야 할 것은 과연 무엇일까?

돌이켜 생각해보면 꼬마자동차 붕붕은
꽤 높은 수준의 인공지능을 갖춘 자율주행 자동차였다.

얄팍한 교통인문학

교통과 함께한
발명과 발견

시계,
탈것의 이야기를 담다

　　　　　　　　　스마트폰이 필수품이 된 세상에서 시계는 시간을 알려주는 본래의 기능을 잃어버린 지 오래다. 이제 시계는 패션 소품이자 착용한 사람의 취향과 정체성을 드러내는 수단이 되었다. 시계산업의 흥미로운 점은 각 제품마다 자신이 지나온 시간을 담고 있다는 점이다. 시계가 간직한 이야기는 디자인이나 성능 못지않게 구매를 결정짓는 중요한 요소다. 시계가 불필요한 시대, 우리는 시계가 아닌 그것이 태엽처럼 풀어냈던 시간을 구입하는 것일지도 모른다.

　이러한 시계 속 이야기 중에는 교통수단과 관련된 것들이 많다. 시계산업은 선박, 기차, 자동차, 비행기 등 여러 교통수단의 발전과 더불어 정확성을 향한 도전을 이어왔기 때문이다. 인류 최초의 시계는 해시계나 물시계처럼 자연의 현상을 응용한 것에서 시작되었다. 이후 17세기 중반에 진자를 활용한 기계식 시계가 발명되었고, 산업혁명 이후 장거리 여행이 크게 증가하면서 보다 정확하고 휴대가 간편한 시계가 만들어졌다. 특히 철도교통의 확산은 시계의 폭발적인 수요를 이끌면서 시계산업 발전에 큰 영향을 미쳤다.

당시의 시계들은 대부분 태엽을 사용한 기계식 시계였으며, '탈진기(escapement)'라는 부품이 핵심이었다. 이 부품은 태엽이 규칙적으로 천천히 풀리도록 하는 장치로, 이를 이용해 기계식 시계는 시·분·초 단위의 시간을 일정하게 표시할 수 있었다. 원래 시계는 숙련된 장인에 의해 수작업으로 생산되었기 때문에 귀족이나 부유층만 소유할 수 있었다. 하지만 대량생산과 부품의 규격화를 통해 점차 일반인들도 시계를 손쉽게 구입할 수 있게 되었다.

항해를 위한 마린 크로노미터

항해에서 사용하는 시계를 흔히 '마린 크로노미터(marine chronometer)'라고 부른다. 이것은 18~19세기 유럽을 중심으로 실제 항해사들이나 해군 장교들이 사용했던 특수한 시계였다. 바다에서 시계가 중요한 이유는 그것이 경도를 확인할 수 있는 거의 유일한 수단이기 때문이다. 과거에는 시차를 계산해 경도를 파악했고, 따라서 정확한 시계가 필수였다. 하지만 바다는 기계식 시계가 작동하기에 매우 열악한 환경이다. 높은 온도와 습기, 파도에 이리저리 흔들리는 선체는 시계의 내구성과 정확도를 크게 떨어트렸다.

이에 영국에서는 정확하고 견고한 해상용 시계를 제작하는 사람에게 큰 현상금을 내걸었다. 상금은 무명의 시계기술자 존 해리슨(John Harrison)에게 돌아갔다. 그가 제작한 시계는 바다의 수많은 악조건 속에서도 정확하게 작동했고, 훗날 유럽 전역에 마린 크로노미터 열풍을 일으켰다. 마린 크로노미터를 대량생산해 세계 각국에 공급한 곳은 스위스의 율리스 나르덴이었다. 이곳에서 제작된 마린 크로노미터 회중시계는 전 세계 50여 개국 해군에 납품되는 등 큰 인기를 얻었다. 지금도 율리스 나르덴은 이 시계에서 영감을 얻은 다양한 손목시계를 제작하고 있다.

유명 시계제조사 IWC 역시 '포르투기저(portugieser)'라는 항해 관련 시계 컬렉션을 보유하고 있다. 이 시계는 1939년 포르투갈 출신의 두 항해 사업가가 IWC에 고도의 정밀함을 갖춘 포켓워치를 주문하면서 시작되었으며, 오늘날 IWC를 대표하는 모델로 자리 잡았다.

하늘을 나는 파일럿의 로망

먼 거리를 비행해야 하는 파일럿들에게도 시계는 필수품이었다. 최초의 손목시계도 파일럿의 손목 위에서 탄생했다. 1904년 프랑스의 루이 까르띠에(Louis Cartier)는 자신의 친구이자 조종사인 알베르토 산토스 뒤몽(Alberto Santos-Dumont)의 부탁을 듣게 된다. 비행 중에도 손쉽게 시간을 볼 수 있는 시계를 만들어 달라는 것이었다. 브라질 출신의 비행사였던 산토스 뒤몽은 라이트 형제와 더불어 비행술의 선구자로 꼽히는 인물이다. 친구를 위해 까르띠에는 손목에 착용할 수 있는 독창적인 디자인의 시계를 만들었고, 이 제품은 '산토스(Santos)'라는 이름으로 현재까지 100년이 넘도록 사랑받고 있다.

한편 파일럿을 위한 기능을 갖춘 시계는 스위스의 론진에서 처음 개발했다. 1919년 론진은 시계제조사 최초로 국제항공협회의 공식 납품업체가 되었다. 당시 론진의 비행용 시계는 조종석에 부착 가능한 형태였고, 기능성과 정밀성이 뛰어났다. 1927년에는 미국의 조종사 찰스 린드버그(Charles Lindbergh)가 뉴욕에서 파리까지 단엽기를 몰고 무착륙으로 대서양 횡단에 성공하게 되는데 이때 사용된 시계가 바로 론진의 시계였다. 이후 린드버그는 보다 편리하게 비행시각과 경도 확인이 가능한 시계를 만들고자 했으며, 그의 아이디어를 바탕으로 개발된 제품이 론진의 '린드버그 아워앵글'이었다. 이 시계는 다이얼을 회전시켜 시차와 현재 위치의 경도 확인이 가능했다.

이런 파일럿 시계의 전통은 브라이틀링의 '내비타이머', 롤렉스의 'GMT-마스터', IWC의 '빅파일럿' 등으로 이어지고 있으며, 하늘을 향한 인간의 꿈을 현대인들에게 전하고 있다.

모터스포츠와 크로노그래프 시계

스포츠에서 정확한 시간을 측정하는 것은 매우 중요하다. 특히 자동차로 스피드를 겨루는 모터스포츠는 1,000분의 1초 단위로 승부가 갈리기 때문에 보다 세밀하게 측정할 수 있는 시계가 필요했다. 모터스포츠가 태동하던 20세기 초, 시계제조사들은 저마다 시간 계측 기능이 탑재된 크로노그래프(chronograph) 시계를 생산해 선수들에게 제공함으로써 자신들의 기술력을 과시했다.

스위스의 태그호이어는 전통적으로 모터스포츠와 관련이 깊은 제조사다. 태그호이어의 전신인 호이어에서는 1911년 최초의 자동차 대시보드 크로노그래프인 '타임 오브 트립(Time of Trip)'을 시작으로 레이서들에게 필요한 시계를 생산했다. 특히 1963년 경영자 잭 호이어(Jack Heuer)는 세계에서 가장 험난한 오프로드 대회인 '까레라 파나메리카나 멕시코 로드레이서'에서 영감을 받아 '까레라'라는 제품을 선보였다. 이 시계는 오늘날까지 태그호이어를 대표하는 컬렉션으로 사랑받고 있다.

또한 F1 모나코 그랑프리에서 영감을 받아 1969년 발매된 태그호이어의 '모나코'는 배우 스티브 맥퀸(Steven McQueen)이 영화 〈르망〉에서 착용하며 유명해진 모델이다. 모나코는 세계 최초의 오토매틱 크로노그래프 시계이자 사각형 디자인의 방수시계이며, 자동으로 태엽이 감기는 것을 드러내기 위해 용두를 왼쪽에 배치했다. 그밖에도 롤렉스의 '데이토나', 오메가의 '스피드마스터', 쇼파드의 '밀레밀리아' 등 모터스포츠의 DNA를 간직한 크로노그래프 시계들이 빠르게 흘러가는 시간을 '기록'하고 있다.

일상에 이야기를 더하다

백화점에서 명품시계를 구입한 어떤 사람이 매장 직원에게 고함을 지르며 항의했다. 천만 원이 넘는 명품시계가 시간이 잘 맞지 않는다며 환불해 달라는 것이었다. 그가 구입한 모델은 기계식 시계였다. 배터리나 전자장치 없이 오직 태엽과 톱니바퀴 같은 부품으로 시간을 표시한다. 아날로그 방식이며, 당연히 오차가 있을 수밖에 없다. 아니, 오차가 있기 때문에 비싼 값을 지불해야 한다. 작은 부품으로 정확한 시간을 구현하기 위해 오랜 경력의 숙련공들이 자신의 시간을 시계에 담기 때문이다. 그 고객은 자신의 물건에 어떤 가치가 있는지도 모른 채 그저 비싼 명품이라는 이유로 구입했을 것이다. 만약 정확한 시계를 원했다면 번지수를 잘못 찾아도 한참 잘못 찾았다.

오늘날 기계식 시계의 여러 기능들은 더 이상 특별한 것이 아니다. 전자시계나 스마트폰으로 훨씬 더 정확하게 날짜, 요일, 시간을 확인할 수 있고 시간 계측, 타이머, 알람 등의 기능을 간단하게 구현할 수 있다. 실용성만 따진다면 기계식 시계는 이미 세상에서 사라졌어야 할 물건이다. 그럼에도 기계식 시계가 아직 살아남았다는 것은 그 안에서 다른 가치가 작동하고 있기 때문이다. 바로 독창성, 정확성, 심미성을 추구하는 장인들의 열정이다. 아무도 육상선수에게 "어차피 자동차를 이길 수 없는데 왜 힘들게 달리냐"고 묻지 않는다. 그는 자동차와 겨룰 생각이 없으며, 그저 묵묵히 자신의 기록과 싸울 뿐이다.

시계 장인들도 그러하다. 이들이 만든 시계는 오랫동안 바다, 하늘, 땅에서 한계에 도전하는 사람들과 함께했다. 그리고 오늘날 평범한 일상에 모험과 도전의 이야기를 더하고 있다.

대량생산과 부품의 규격화를 통해 점차
일반인들도 시계를 손쉽게 구입할 수 있게 되었다.

얄팍한 교통인문학

자동차 산업을 움직인
타이어 기술

바퀴는 인류의 역사와 함께했다. 하지만 바퀴에 고무를 둘러서 사용하는 것은 20세기에 와서야 가능했다. 그 이전에는 고무의 내구성이 형편없었기 때문이다. 고무타이어는 미국의 발명가 찰스 굿이어(Charles Goodyear)가 '고무가황법'을 개발하면서 만들어졌다. 원래 천연고무는 탄력성 고분자로 이루어져 있어 힘을 가하면 늘어나고 힘을 빼면 다시 원래 상태로 되돌아간다. 또한 고온에서 녹고 저온에서 갈라지는 등 주변 온도변화에 쉽게 변형이 되었다.

찰스 굿이어는 우연히 천연고무 덩어리와 황을 혼합한 물질을 뜨거운 난로 위에 떨어뜨렸는데, 다음날 이 고무덩어리가 전혀 다른 물질로 바뀐 것을 발견했다. 고무에 황과 열이 더해져 분자결합구조가 바뀌면서 탄성과 내구성이 비약적으로 증가했던 것이다. 그는 1844년 고무가황법으로 특허를 받았고, 이 발명은 자전거, 자동차, 항공기 등 20세기 교통수단의 발전에 크게 기여했다. 이후 미국의 사업가 프랭크 세이버링(Frank Seiberling)이 그의 이름을 기려 '굿이어타이어'를 설립하면서 굿이어는 타이어의 대명사가 되었다.

공기주입식 타이어의 발명

단단해진 고무는 내구성은 좋지만 완충성이 부족해 고속 주행 시 승차감을 확보하기가 어렵다. 그래서 오늘날 자동차에는 대부분 공기주입식 타이어가 사용된다. 최초의 공기주입식 타이어는 1888년 영국의 수의사였던 존 보이드 던롭(John Boyd Dunlop)이 발명했다. 그의 아들은 자전거 타는 것을 매우 좋아했는데, 당시 자전거 바퀴는 무쇠로 만들어져서 작은 돌멩이에도 쉽게 흔들리거나 넘어지기 일쑤였다. 아들이 힘겹게 자전거 타는 것을 안타깝게 여긴 던롭은 축구공에 바람을 넣다가 기발한 아이디어를 생각해냈다.

그는 고무호스에 두껍고 질긴 고무를 씌워 자전거 바퀴에 감고 호스에 공기를 주입했다. 그러자 호스 속 공기가 완충작용을 하면서 자전거 승차감이 훨씬 좋아졌고, 지면과 바퀴의 마찰도 줄어들어 더 빠르게 달릴 수 있었다. 던롭이 발명한 공기주입식 타이어는 1895년 파리-보르도 랠리에 선보이면서 관계자들의 큰 관심을 모았다. 미쉐린 타이어의 창업주 역시 이곳에서 던롭의 공기주입식 타이어를 보고 비슷한 제품을 만들었다고 한다. 이후 공기주입식 타이어는 양산 자동차에 적용되었고, 오늘날 가장 보편적인 타이어 형식으로 자리 잡았다.

한편 자동차용 타이어가 발전하면서 도로 포장기술도 함께 발전했다. 공기주입식 타이어는 고속주행을 가능하게 했고, 이는 아스팔트 도로와 결합하며 고속도로의 폭발적인 증가로 이어졌다.

합성고무의 개발과 타이어의 혁신

타이어 산업의 발전에 가장 큰 영향을 미친 기술은 합성고무의 개발이었다. 1929년 미국 듀폰사에서는 '네오프렌(neoprene)'이라는 합성고무를 개발했다. 네오프렌은 천연고무보다 물, 오일, 열 등에 잘 견디는 특성을 갖고 있어서 절연제, 개스킷 등에 사용되었으며, 1934년에는 네오프렌으로 만든 타이어도 생산되었다. 그동안 천연고무에만 의존하던 타이어 산업이 일대 전환점을 맞게 된 것이다.

이에 앞서 1903년에는 튜브리스(tubeless) 타이어가 개발되었다. 공기를 넣는 튜브를 없애고 타이어 내부를 고무로 마감하여 타이어와 튜브를 하나로 합친 것이다. 튜브리스 타이어는 무게를 줄이는 것은 물론, 펑크가 나더라도 공기가 순식간에 빠져나가지 않기 때문에 보다 안전했다. 동 시기에 개발된 트레드(tread) 타이어는 지면과의 마찰계수를 높여 더욱 안정적인 접지력을 확보하게 도왔고, 다양한 패턴이 더해져 자동차가 빗길과 눈길에서 미끄러지는 것을 방지해주었다.

한편 미쉐린에서는 1946년 래디얼(radial) 타이어를 개발했는데, 이것은 타이어 옆면과 트레드를 별개의 구조로 만든 것으로 주행 중 타이어의 변형이 적어서 연비가 향상될 뿐만 아니라 고속 주행 시 조향 안정성을 높일 수 있었다. 1979년 개발된 런플랫(runflat) 타이어는 주행 중 펑크로 인해 공기압이 없어져도 일정 속도로 주행할 수 있는 타이어로써, 각종 긴급한 상황에서 운전자를 보호하는 데 도움을 준다.

타이어, 신발, 흔적

도로를 달리다 보면 '타이어 신발보다 싼 곳'이라는 간판을 볼 수 있다. 자동차 타이어는 사람으로 치면 신발이다. 인간은 자갈과 추위로부터 발을 보호하고, 먼 길을 떠나기 위해 신발을 만들었다. 어떤 시대에는 신분을 과시하고 멋을 부리기 위해 신발을 만들기도 했다. 하지만 신발은 단순한 패션 소품을 넘어 한 사람이 걸어온 흔적을 보여주는 특별한 물건이다. 철학자 마르틴 하이데거(Martin Heidegger)는 『예술작품의 근원』이라는 글에서 고흐의 구두 그림을 언급한다. 그는 고흐의 그림 속 구두가 그저 하나의 사물이 아닌 구두가 현실에서 겪게 되는 삶의 흔적, 즉 존재를 드러낸다고 말한다. 그리고 이런 사물의 존재를 드러내는 것이야말로 예술작품의 본질이라고 이야기한다. 이런 맥락에서 타이어는 자동차가 달렸던 길의 흔적을 담고 있다. 마치 구두의 굽이 닳아서 없어지듯이 타이어의 무늬도 조금씩 흐릿해진다. 타이어라는 단어가 '피곤함(tire)'과 겹쳐지는 것은 그것이 구두처럼 자신의 무게를 지탱하고 있기 때문일 것이다.

얄팍한 교통인문학

찰스 굿이어가 발명한 고무가황법은
20세기 교통수단의 발전에 크게 기여했다.

자동차 내비게이션의 진화

운전 실력의 절반은 지리정보와 방향감각이다. 자동차를 아무리 능숙하게 다루더라도 길을 모른다면 원하는 목적지까지 갈 수 없다. 그래서 운전자는 자신의 현재 위치와 목적지로 가기 위한 최단 경로를 정확하게 파악하고 있어야 한다. 수십 년 동안 서울 도심을 누볐던 택시운전사들은 승객이 목적지를 말하는 그 순간, 머릿속에 최단경로가 그려진다고 한다. 하지만 평범한 운전자들에게 이것은 쉽지 않은 일이다.

과거에는 목적지까지 이동하기 위해 종이에 인쇄된 지도를 활용했다. 운전자는 차를 멈추고 지도를 보면서 자신이 현재 달리는 도로의 번호와 갈림길을 꼼꼼하게 확인해야만 했다. 그러다보니 실수로 잘못된 길에 들어서는 일도 많았다. 허나 자동차 내비게이션이 대중화되면서 이제 지도를 갖고 다니는 사람은 찾아보기 어려워졌다. 초행길이든 방향치든 상관없이 누구나 쉽게 목적지까지 이동할 수 있게 된

알팍한 교통인문학

것이다.

　장 보드르아르(Jean Baudrillard)의 『시뮬라시옹(simulation)』에는 실제보다 더 실제 같은 가상을 설명하기 위한 비유로써 보르헤스의 우화가 등장한다. 거대한 제국의 지도 제작자들이 극도로 정밀한 지도를 만들어서 결국은 그 지도가 제국의 전 영토를 거의 정확하게 덮어버렸다는 이야기다. 이런 보르헤스의 우화는 기술의 발전과 함께 현실이 되었다. 사람들은 내비게이션 안에서 가상의 지도를 달리지만 그 궤적은 실존하는 길과 정확히 일치한다. 그런 점에서 내비게이션은 가상과 현실이 하나가 되는 접점이라고 할 수 있다.

GPS, 내비게이션의 핵심 기술

‘내비게이션(Navigation, 항법)’은 라틴어 ‘navigere’에서 유래했다. ‘navis’는 ‘배’라는 뜻이고, ‘agere’는 ‘움직이다’라는 뜻이다. 즉 내비게이션이라는 단어에는 배를 움직이는 항해술의 의미가 담겨 있으며, 오늘날에는 자동으로 경로를 안내하는 전자 장비를 의미한다. 항공기나 다른 교통수단에서도 활용되지만 가장 보편적인 것은 역시 자동차용 내비게이션이다.

　영미권에서는 내비게이션을 ‘GPS(Global Positioning System, 위성위치정보시스템)’라고 부르는데, GPS는 내비게이션을 구성하는 핵심 기술이기도 하다. GPS는 인공위성으로 사용자의 위치를 정확히 파악하는 시스템이다. 이 인공위성은 지구를 맴돌며 사용자에게 위도, 경도, 고도, 시간 등의 정보를 제공한다. 원래 GPS 기술은 미국 국방부에서 군사목적으로 개발되었다. 미사일을 더욱 정확하게 발사하기 위해서는 정확한 위치정보가 필요했고, 미국은 1978년 첫 항법위성을 지구권 궤도에 안착시켰다. 이 기술이 1984년부터 민간에 조건부로 개방되면서 GPS를 활용한 여러 기술들이 비약적인 발전을 이루게 되었다. 차량용 내비게이션 역시 그 과정에서 얻어진 결과물이다.

최초의 내비게이션

GPS 기술이 개방되기 전부터 차량에 내비게이션을 구현하기 위한 몇몇 시도가 있었다. 세계 최초의 내비게이션은 1920년대 영국에서 운전자를 위해 판매한 '루트 파인더(Route finder)'라는 제품이다. 마치 아이들의 장난감을 연상시키는 이 제품은 시계처럼 손목에 차는 본체와 작은 두루마리 형태의 지도로 구성되어 있다. 목적지에 맞는 지도를 본체에 장착하고 운전자가 직접 지도의 나무 손잡이를 돌리면서 경로를 탐색하는 일종의 휴대용 지도였다.

이후 자동차산업과 전자산업이 함께 발전하면서 오늘날과 유사한 형태의 내비게이션이 등장하기 시작했다. 1981년 일본의 혼다는 '일렉트로 자이로케이터(Electro gyrocator)'라는 제품을 개발했는데, 기계 안에 지도 필름을 집어넣으면 현재 위치를 불빛으로 보여주는 장비였다. 운전자가 위치를 찍으면 자이로스코프의 가속도를 적분해서 속도를 구하고, 이를 바탕으로 이동거리를 구하는 관성항법이 적용되었다. 하지만 작은 화면에서 고정된 지도만 보여줬기 때문에 운전자에게 구체적인 정보를 제공하기 어려웠으며, 오차 또한 커서 대중화되지는 못했다.

내비게이션의 대중화

1985년에는 미국의 자동차용품업체인 이택(Etak)에서 전자지도를 채용한 '이택 내비게이터'를 출시했다. 이 제품에는 전자 나침반과 바퀴에 달린 센서를 통해 도착지점을 추정하는 추측항법이 활용되었다. 전자지도를 탑재하고 속도를 측정하는 등 혼다의 일렉트로 자이로케이터보다 꽤 진화한 형태였다. 하지만 이 장치 역시 저장용량의 한계로 인해 대중화하는 데는 실패했다.

한편 우리나라의 첫 내비게이션은 1997년 현대 오토넷과 쌍용정보통신을 통해서 처음으로 공급되었는데, 높은 가격과 낮은 편의성 등으로 큰 인기를 끌지는 못했다. 이후 PMP를 제조하던 중소기업들이 단말기를 차량에 거치하는 방식의 내비게이션을 개발하면서 시장이 크게 확대되었다. 내비게이션 시장은 2006년까지 연간 130만 대 규모로 성장했으나 2010년대 들어 스마트폰 앱이 널리 보급되면서 시장이 점차 축소되었다. 따라서 기존의 개발사들은 증강현실, 3D실사지도 등 새로운 기술을 도입해 스마트폰 내비게이션앱과 차별화를 시도하고 있다.

길을 결정하는 것은 자기 자신이다

내비게이션은 빠르게 목적지까지 안내하는 편리한 기술이지만 지나치게 의존하는 것은 금물이다. 운전할 때 내비게이션에만 의존하는 사람들은 오랜 시간이 지나도 길을 익힐 수 없다고 한다. 머리로 생각하지 않고 내비게이션 음성안내가 지시하는 대로 움직이기 때문이다. 결국 내비게이션에 대한 의존도가 높아져서 기계의 도움 없이는 아무 곳에도 갈 수 없는 사람이 되어버린다.

지나친 내비게이션 의존은 사고로 이어질 수도 있다. 기계는 언제나 오작동이나 오류의 위험을 갖고 있기 때문이다. 실제로 내비게이션의 안내음성만 믿고 운전을 하다가 사고로 이어지는 사례도 적지 않다. 내비게이션은 물론 자율주행장치 같은 전자장비는 운전에 도움을 주는 보조 장치일 뿐 100% 안전과 정확성을 보장하지는 않는다. 길에 대한 최종적인 판단은 결국 운전자의 몫이다. 따라서 운전자는 언제나 도구와 직관의 균형을 유지해야 할 것이다. 가끔은 누군가 알려주는 길을 가는 것보다 스스로 새로운 길을 개척하는 것도 좋다. 사람들은 그것을 '모험' 혹은 '여행'이라 부른다.

자동차 내비게이션 기술이 대중화되면서
누구나 쉽게 목적지까지 이동할 수 있게 되었다.

도로 위의 커뮤니케이션 도구, 신호등

도로 위에는 수많은 신호들이 있다. 표지판에 적힌 기호와 신호등의 불빛을 보고 운전자들은 상황에 맞게 자동차의 속도와 방향을 제어한다. 신호의 형태와 기능은 제각각이지만 궁극적으로는 운전자에게 도로의 위험을 알리고, 보행자를 보호하는 역할을 수행한다. 도로에 이런 신호가 필요한 이유는 자동차가 매우 폐쇄적인 공간이기 때문이다.

빠른 속도로 달리는 도로에서 자동차 운전자가 상대방 운전자와 소통을 하기란 거의 불가능에 가깝다. 유리창을 내리고 고함을 지르지 않는 한 운전자의 커뮤니케이션 도구는 방향표시등, 비상등, 경적 정도가 전부다. 복잡한 도로에서 자신의 의사를 표현하기에 너무나 제한적인 도구들이다. 고속 주행 중에는 조금만 사인이 어긋나도 대형 사고로 이어질 수 있다.

이런 상황에서 신호등, 표지판, 노면표시와 같은 각종 교통신호는

얄팍한 교통인문학

수많은 자동차의 움직임과 방향을 제어하는 중요한 장치다. 만약 도로에서 신호가 사라진다면 길은 마비되고 사고는 끊이지 않을 것이다. 여러 교통신호 중에서 가장 효과적인 것은 신호등이다. 신호등은 교통의 흐름을 원활하게 하기 위해 운전자들에게 신호를 규칙적인 간격으로 알려주는 장치이며, 사람 없이 작동하기 때문에 매우 효율적이다.

가스를 이용한 최초의 신호등

도로에 교통신호등을 처음으로 도입한 국가는 영국이었다. 1868년 영국 런던 웨스트민스터에 세계 최초로 교통신호등이 도입되었다. 한 철도 정비사가 원판에 둥글게 구멍을 뚫은 뒤 정지를 의미하는 빨간색과 주의를 의미하는 초록색의 유리를 끼워 넣고 가스등을 장착해 '이동식 수동 신호등'을 개발한 것이다. 이는 빛과 색깔로 신호를 전달한다는 점에서 오늘날 교통신호등의 출발점이라고 할 수 있다.

하지만 이 가스 신호등은 교통경찰이 직접 손으로 조작해야 하기 때문에 효율성이 떨어졌으며, 무엇보다 안전에 큰 문제가 있었다. 실제로 신호등이 설치되고 나서 얼마 지나지 않아 가스 폭발 사고가 발생했고 신호를 조작하던 경찰이 큰 부상을 입었다. 이렇게 가스를 사용한 최초의 신호등은 자취를 감추고 말았다.

한편 초창기에는 신호등의 색깔도 지금과 달랐다. 도로의 신호등은 철도 신호에서 유래되었는데, 원래는 빨간색이 정지, 초록색이 주의, 흰색이 진행을 의미했다. 이중에서 가장 중요한 신호는 정지였다. 기차가 멈추기 위해서는 비교적 긴 시간을 확보해야 했고, 따라서 기관사가 멀리서도 빛을 확인할 수 있어야 했다. 빨간색은 가시광선 중 파장이 가장 길어서 멀리서도 또렷하게 보이기 때문에 정지 신호에 사용되었다. 문제는 흰색 신호였다. 색을 칠한 유리가 깨져서 흰색으로 보인다든가 야간에는 별빛을 흰색 신호등으로 착각하는 등의 문제가 발생했던 것이다. 그래서 1900년대 이후에는 초록색이 진행 신호가 되었고, 이것과 대비되는 주황색이 주의 신호를 대신하게 되었다.

교통사고를 막은 현대식 신호등의 탄생

현대식 신호등을 발명한 가렛 모건(Garrett Morgan)은 아프리카계 미국인이었다. 그는 노예 집안의 아들로 태어났고 초등학교까지만 겨우 마친 뒤 일찍부터 노동현장에 뛰어들었다. 모건은 우연히 재봉틀을 수리하는 일을 시작하면서 자신의 소질을 발견했고, 이후 다양한 기계를 발명하였다. 어느 날 모건은 마차와 자동차 간에 발생한 추돌사고를 목격한 후 신호등을 만들게 되었다.

이 무렵 미국에서는 헨리 포드가 자동차 공장을 건설하고 본격적인 생산에 돌입하면서 차량의 수가 꾸준히 늘고 있었다. 때문에 도로에는 보행자, 자전거, 마차, 자동차 등이 무질서하게 섞여 있었고 사고

얄팍한 교통인문학

도 빈번하게 발생했다. 자동차 산업이 성장하면서 도로는 점차 혼잡해졌고, 차량과 보행자를 통제하기 위한 수단이 필요해졌다. 모건은 1914년 자신이 발명한 신호등을 사고가 많은 클리브랜드의 교차로에 설치했고, 이후 교통사고가 눈에 띄게 줄어들었다.

모건이 발명한 신호등은 현대식 신호등의 기초를 마련했지만 여기서 사용된 신호체계는 오늘날의 신호체계와 다소 차이가 있었다. 현재의 신호등은 운전자가 정면에서 볼 수 있도록 설치되며 정지, 주의, 좌회전, 진행을 번갈아 표시한다. 반면 모건의 신호등은 십자가 형태로 만들어져 모든 방향에 정지와 진행 신호를 표시했고, 경고벨과 같은 안전 관련 기능도 갖추고 있었다. 때문에 여러 방향에서 몰려오는 차량을 동시에 정지시키면서 보행자가 안전하게 도로를 건널 수 있도록 도움을 주었다.

삼색 신호체계의 도입과 자동화

1918년 뉴욕 5번가에 삼색 신호등이 설치되면서 비로소 현대식 신호등의 시대가 시작되었다. 삼색 신호등은 미국 디트로이트의 경찰이었던 윌리엄 포츠(William Potts)가 고안했다. 그는 당시 철도에서 사용하던 빨간색, 주황색, 초록색의 삼색 신호체계를 도로에 적용했다. 이때까지만 해도 신호등은 여전히 유리 관제탑 안에서 경찰관이 직접 손으로 버튼을 누르는 수동 방식이었다. 하지만 1922년에는 신호등에 타이머를 추가하면서 자동 방식으로 바뀌었다. 이후 1950년대부터는 전자기술과 컴퓨터를 이용해 각종 신호를 제어하기 시작했다. 오늘날에는 IT 기술이 비약적으로 발전하면서 신호장비는 물론 신호의 운영 측면에서도 큰 발전을 이루었다.

한편 우리나라에 교통신호기가 처음 등장한 것은 1940년 무렵이었다. 당시의 신호등은 기둥에서 세 가지 색깔의 날개가 번갈아 튀어나오는 날개식 신호기였으며, 서울의 종로 화신백화점 앞, 을지로 입구, 조선은행 앞에 설치되어 교통경찰이 손으로 조작했다. 오늘날과 같은 점등식 신호등은 해방 이후 미군이 주둔하면서 자리 잡기 시작했으며, 이후 자동차의 급격한 증가와 함께 1978년 중앙 통제 시스템을 갖춘 온라인 신호시스템이 등장했다. 이 시스템은 교통정체 해소에 크게 기여했으나 이후에도 도심의 교통량은 빠르게 증가했다. 때문에 최근에는 실시간 신호제어시스템으로 신호는 물론 교통 정체까지 효과적으로 해결하고 있다.

도로의 신호에서 사람의 신호로

JTBC의 〈마녀사냥〉이라는 예능 프로그램이 인기를 얻으면서 한때 젊은이들 사이에서 '그린라이트'라는 말이 유행했다. 이 방송은 시청자의 사연을 듣고 출연자들이 초록색 등을 켜고 끄는 방식으로 진행되었다. 이성으로서 호감이 있다고 생각되면 그린라이트를 켰고, 그 반대라면 껐다. 이 '그린라이트'는 초록색 신호등에서 유래한 것으로, 서양에서는 오래 전부터 '어떤 일을 하도록 허락하는 것'으로 널리 사용되었다. 주로 공적인 업무의 승인은 물론이고, 우리나라에서 사용되는 것처럼 남녀 관계의 진전을 나타내는 의미도 포함하고 있다. 도로 위의 신호가 인간관계의 신호로 확장된 것이다.

　도로에서 각종 신호가 원활한 교통흐름을 돕는 것처럼 일상에서도 서로의 신호가 인간관계를 원활하게 한다. 언어, 표정, 말투에 이르기까지 사람과 사람 사이의 신호는 도로의 신호와 비교할 수 없을 만큼 섬세하고 다양하다. 그래서 간혹 신호를 잘못 전송하거나 잘못 수신하기도 하며, 의도하지 않은 노이즈(noise)가 발생한다. 그 과정에서 오해가 생기거나 감정이 상하기도 한다. 모든 커뮤니케이션은 신호를 주고받는 과정이다. 그러므로 우선은 내가 어떤 상태인지 적극적으로 상대방에게 알리는 것이 중요하다. 그리고 신호를 보내는 것만큼이나 중요한 것은 다른 신호를 읽어내는 능력일 것이다. 만약 사람의 마음에도 켜고 끌 수 있는 신호등이 있다면 우리는 서로를 좀 더 이해할 수 있지 않을까?

신호등은 교통의 흐름을 원활하게 하기 위해
운전자들에게 신호를 규칙적인 간격으로 알려주는 장치이다.

생명을 구하는
안전벨트와 에어백

          자동차에는 생각보다 많은 안전장치
가 있다. 방향지시등이나 와이퍼 같은 간단한 장치부터 안전벨트, 에
어백, ABS 같은 복잡한 장치에 이르기까지 수많은 안전장치들이 위
급한 상황에서 탑승자를 보호한다. 자동차에서 가장 기본적인 안전장
치는 운전자의 시야를 확보하고, 자신의 상황을 외부에 알릴 수 있는
장치들이다. 룸미러, 사이드미러, 와이퍼, 방향지시등 같은 것들이 여
기에 해당한다. 요즘에는 너무나 당연한 것이지만 자동차가 처음 탄
생했을 때만 해도 이런 장치들이 제대로 갖춰지지 않았다.

    후방의 상황을 알 수 있는 룸미러는 1911년 제이콥 라비노(Jacob
Rabinow)라는 발명가에 의해 만들어졌다. 자동차 경주를 하면서 뒤에
있는 차를 보기 위해 아내의 콤팩트 거울을 달았던 것이 최초였다. 이
어서 1914년에는 도로의 확장과 더불어 차선 변경을 위한 방향지시등
이 개발되었다. 당시 방향지시등은 깜박이는 기능 없이 불빛만 비추

는 방식이었으나 1938년 무렵 오늘날처럼 깜박거리는 방향지시등이 자동차에 장착되었다. 이어서 1940년대에는 옆으로 오는 차를 쉽게 볼 수 있는 사이드미러와 운전자의 시야를 확보하는 와이퍼가 등장했다. 이처럼 자동차 산업은 성능을 높이기 위한 기술과 안전을 확보하기 위한 기술이 함께 어우러지며 발전하였다.

비행기의 안전벨트가 자동차로

여러 자동차용 안전장치가 있지만 그중에서도 탑승자의 안전과 직결되는 가장 기본적인 것은 안전벨트다. 안전벨트는 빠른 이동수단부터 순차적으로 적용되었는데, 가장 먼저 탑재된 곳은 비행기 좌석이었다. 1900년대 초반의 비행기에는 조종사를 보호하는 장치가 전혀 없어서 곡예비행 도중 사람이 떨어지는 일도 있었다. 이에 독일의 한 비행사는 기체가 회전할 때 탑승자를 고정시킬 수 있는 안전벨트를 생각해냈고, 1914년 가죽으로 만든 안전벨트가 비행기에 적용되었다. 이후 제2차 세계대전을 거치면서 비행기에 안전벨트가 기본적으로 장착되기 시작했다.

하늘에서 잡아당긴 안전벨트는 지상에서 더욱 단단하게 체결되었다. 자동차의 속도가 점점 빨라지면서 차량에도 안전벨트가 적용된 것이다. 특히 1930년대에는 자동차 성능이 크게 향상되면서 각종 레이싱 대회가 개최되었고 빠른 속도로 회전하거나 웅덩이를 지나면서

얄팍한 교통인문학

차 안의 사람이 튕겨져 나가는 일이 잦았다. 그래서 레이싱 참가자들은 자신의 생명을 보호하기 위해 스스로 안전벨트를 만들어 장착했는데, 이것이 비공식적인 자동차 안전벨트의 기원이었다. 공식적으로는 1936년 스웨덴 볼보사의 직원이 안전을 위해 허리에 두르는 2점식 안전벨트를 장착한 것이 최초였다.

머리와 가슴을 보호하는 3점식 안전벨트

하지만 2점식 안전벨트로는 생명을 지키는 데 한계가 있었다. 미국 캘리포니아 지역의 헌터 쉘든(Hunter Shelden) 박사는 응급실에 온 교통사고 환자들을 연구했고, 그 결과를 1955년 미국의학협회지에 발표했다. 그의 연구에 따르면 환자들은 주로 머리와 가슴에 큰 충격을 받는 것으로 나타났다. 실제로 1950년대 무렵에는 주로 항공기에 적용되던 2점식 안전벨트가 자동차에 적용되어 충돌 시 머리나 가슴에 충격을 입을 가능성이 높았다. 이런 문제점을 해결하기 위해 각 자동차 회사들은 머리와 가슴을 보호하면서 차에서 사람이 튕겨나가지 않게 하는 안전장치를 연구하기 시작했다.

1958년 볼보사에서는 닐스 볼린(Nils Bohlin)이라는 엔지니어를 채용했다. 항공기 안전장치 전문가였던 그는 전투기의 비상탈출 좌석에 착안하여 3점식 안전벨트를 개발했다. 그리고 이듬해 볼보는 자사의 자동차에 세계 최초로 3점식 안전벨트를 적용했다. 이 안전벨트는 오늘날 안전벨트와 거의 유사한 형태로, 충격을 잘 흡수하는 골반과 가슴뼈를 고정시키고 사람이 차 밖으로 튕겨나가지 않도록 설계되었다. 또한 사용자의 편의성도 고려해 한손으로도 쉽게 착용할 수 있도록 했다.

볼보는 3점식 안전벨트를 개발한 뒤 사람의 안전을 위한 기술이라며 특허 신청을 포기했고 다른 자동차 회사들에게 이 기술을 무상으로 배포했다. 덕분에 전 세계의 모든 자동차에 3점식 안전벨트가 장착될 수 있었다. 볼보는 여기서 그치지 않고 1971년 안전벨트를 착용하지 않으면 경고음이 울리는 리마인드 시스템을 개발했다. 스웨덴의 자동차회사 볼보가 안전의 대명사로 불리는 것은 이처럼 사람의 생명을 살리기 위한 연구를 오랜 시간 거듭했기 때문이다.

안전벨트를 보조하는 에어백 장치

최근 자동차에는 안전벨트는 물론 에어백까지 장착되어 충돌 시 앞으로 튕겨 나오는 사람이 차체에 부딪치지 않도록 도와준다. 에어백은 1953년 미국의 존 헤트릭(John Hetrick)이 발명해 관련 특허를 취득했다. 당시에는 자동차 보닛 밑에 압축공기를 넣어두고 차량 여러 곳에 공기주머니를 설치한 뒤 충돌 시 주머니 안으로 공기를 주입하는 방식이 사용되었다. 잠수함의 어뢰 발사에 쓰이던 압축공기를 자동차에 적용한 것이다. 하지만 이 방식은 공기주머니의 펴지는 속도가 느렸기 때문에 널리 확산되지는 못했다.

이런 문제를 해결한 사람은 사업가이자 발명가인 앨런 브리드(Allen Breed)였다. 그는 에어백이 널리 보급되려면 팽창 및 전개 속도가 빨라야 한다고 생각했다. 여러 시행착오 끝에 앨런 브리드는 1968년 충돌 순간 압축된 질소 가스가 공기주머니를 채우는 새로운 에어백 시스템을 개발했는데, 이것이 오늘날 에어백의 원형이라고 할 수 있다. 이후 1980년대부터 각 제조사들이 에어백을 적용하면서 에어백은 안전벨트와 함께 대표적인 자동차의 안전장치가 되었다.

자동차 안전장치 의무화를 주장한 랄프 네이더(Ralph Nader)는 1965년『속도는 결코 안전하지 않다(Unsafe at any speed)』라는 책을 펴냈다. 그는 이 책에서 자동차 충돌 시 위험에 대해 폭로했고, 기업과 소송을 벌여 거액의 합의금을 받았다. 그리고 이 돈으로 시민단체를 결성해 자동차 안전 법규 및 리콜의 제도화를 이끌어냈다. 랄프 네이더는 안전벨트를 기업의 선택사항이 아닌 의무사항으로 바꿨으며, 이후 안전벨트를 보완하는 에어백의 보급에도 적극적으로 나섰다.

안전벨트와 에어백은 마치 바늘과 실처럼 함께 있어야 그 기능이 100% 발휘될 수 있다. 실제로 차량 에어백에는 'SRS(Supplemental Restraint System)'라는 글씨가 적혀 있는데 이는 안전벨트를 '보조'한다는 의미다. 즉 아무리 좋은 에어백이라도 안전벨트를 하지 않으면 무용지물이다. 자동차의 다양한 장치가 사고로부터 운전자를 지켜준다. 하지만 궁극적인 안전은 결국 운전자의 관심과 손끝에서 완성된다.

안전벨트와 에어백은
마치 바늘과 실처럼 함께 있어야 그 기능이 100% 발휘될 수 있다.

모터스포츠,
자동차 기술의 진화를 이끌다

최초의 자동차 경주는 1894년 프랑스 파리에서 개최되었다. 신문사 '르 프티 주르날(Le Petit Journal)'의 주최로 파리에서 루앙까지 126㎞를 달리는 경기였다. 이 대회에는 증기차, 가솔린차, 전기차 등 다양한 형태의 자동차들이 함께 출전했고, 속도를 겨루는 것보다는 내구성과 연비를 겨루는 형태에 더 가까웠다. 그리고 이듬해 프랑스 파리에서 보르도까지 가장 먼저 결승점에 도착한 선수를 가리는 제대로 된 자동차 경주가 개최되었다.

자동차 기술은 빠르게 발전하는 중이었고, 자동차 경주는 이러한 기술을 테스트하고 대중들에게 홍보할 수 있는 무대였다. 첫 대회에서는 다임러의 엔진이 장착된 자동차가 우승을 차지하면서 가솔린 자동차의 우수성을 과시하기도 했다. 이후 유럽의 각 도시를 연결하는 장거리 레이스가 성행하였으나 각종 사고로 인해 1903년부터는 자동차 경주가 전면 금지되었다. 당시에는 자동차 성능에 제한이 없었기 때문에 사고가 잦았고 사망자도 많이 발생했다. 그래서 안전하게 경기를 진행할 수 있는 규격, 즉 '포뮬러(Formula)'가 등장하였다. 참가하는 자동차의 크기나 성능을 규제하여 공정하고 안전한 경기를 도모한 것이다.

유럽을 휩쓴 그랑프리 열풍

최초의 포뮬러는 차량 중량을 1,000㎏ 이하로 제한하였으며, 1904년 미국에서 개최된 제1회 밴더빌트컵 레이스에서 처음 적용되었다. 하지만 오늘날 자동차 경주의 기원이 된 것은 1906년 프랑스 오토모빌 클럽이 주최한 프랑스 그랑프리였다. 이 대회 역시 동일한 규격이 적용되었으며, 프랑스 르망시 부근의 공공도로를 폐쇄해 서킷으로 사용하였다. 때문에 당시 경기장은 한 바퀴가 150㎞에 이를 정도로 길었고, 32개 팀이 치열한 경주를 벌였다.

이후 자동차 경주는 유럽 전역으로 퍼져나가며 다양한 그랑프리가 생겨났고, 각국의 자동차 제조사들이 경쟁적으로 참여했다. 포뮬러가 제정되었음에도 불구하고 각 제조사들은 규정 내에서 최고의 성능을 추구했고, 포뮬러 규정 역시 시간이 지날수록 강화되었다. 1900년대 초반에는 프랑스의 르노와 푸조, 이탈리아의 피아트, 독일의 메르세데스 등이 주요 참가 제조사였고, 1920년대 후반부터는 이탈리아의 알파로메오, 프랑스의 부가티 등이 이름을 알렸다. 그리고 1930년대

얄팍한 교통인문학

에는 그랑프리 경기가 18개로 늘어나며 대중들의 큰 인기를 모았다.

세계 최고의 모터스포츠 포뮬러 원

세계 최초의 자동차 경주를 개최한 프랑스는 모터스포츠에 대한 열정이 남달랐다. 프랑스는 영국, 독일, 이탈리아를 중심으로 각 국가별 자동차 경주를 국제적으로 통합하는 데 앞장섰고, 마침내 1947년 전 세계 모든 국제 모터스포츠를 관장하는 국제자동차연맹(FIA)이 탄생했다. FIA의 공식명칭이 프랑스어이고, 그 본부가 파리에 있는 것도 이 때문이다.

FIA에서는 출범 이후 모든 그랑프리를 통합하는 새로운 규정, '포뮬러 원(F1)'을 제정했다. 그리고 유럽 전역에서 산발적으로 열리던 그랑프리를 하나의 카테고리로 통합해 1950년 영국 실버스톤에서 첫 번째 F1 그랑프리를 개최하였다. 현재 세계 최고의 모터스포츠로 불리는 F1 그랑프리가 탄생한 순간이었다.

한편 비슷한 시기인 1949년 미국에서는 가장 인기 있는 스포츠 시리즈 중 하나인 나스카(NASCAR) 챔피언십이 조직되었다. 나스카는 '전미 스톡카 자동차 경주 협회'의 약자이며, '스톡카(stock car)'라는 이름에서 알 수 있듯이 이 대회는 일반 상용차를 경기용으로 개조해 레이싱을 진행했다. 원래 스톡카는 양산차를 기반으로 한 경주용 자동차를 의미했으나, 최근에는 겉모습만 양산차와 비슷할 뿐 내부는 별도의 프레임과 엔진으로 제작된다.

르망 24시와 밀레밀리아

한편 그랑프리 경주가 포뮬러 규정과 함께 보다 전문화되면서 일반적인 스포츠카를 사용하는 레이싱 대회도 생겨났다. 1910년경에는 자동차 시장에 실용성과 고성능을 겸비한 스포츠카 장르가 등장했으며, 이에 따라 1920년대에는 스포츠카 전문 대회로서 프랑스의 '르망 24시', 이탈리아의 '밀레밀리아(Mille Miglia, 1000마일)' 등의 레이스가 등장했다. 르망 24시는 24시간 동안 몇 바퀴를 돌았는지에 따라 순위를 정한다. 자동차의 내구성을 증명할 수 있는 좋은 기회이기 때문에 기술력을 강조하고 싶은 자동차 회사들이 많이 출전하는 대회다. 르망 24시는 지금까지도 세계에서 가장 유명한 모터스포츠 중 하나이며, 특히 단일 레이스로는 최대 규모의 모터스포츠 이벤트이기도 하다.

밀레밀리아는 1927년부터 약 30년간 개최된 레이싱 대회로, 그 이름처럼 이탈리아의 아름다운 풍경을 배경으로 '1000마일'을 달리는 경주였으며, '세계에서 가장 아름다운 레이싱'으로 불렸다. 하지만 1957년 대형사고가 발생하면서 경기는 중단되었고, 20년이 지난 1977년에야 비로소 부활하게 되었다. 새로운 밀레밀리아는 과거에 대회가 열렸던 기간, 즉 1927년에서 1957년 사이에 제작된 클래식 자동차만 참여할 수 있는 독특한 대회로 바뀌었으며, 오늘날까지 대표적인 클래식 자동차 경주로 이어지고 있다.

즐거움이 세상을 움직인다

자동차는 탄생과 동시에 빠른 스피드로 대중들을 열광시켰다. 속도는 인간의 승부욕을 자극했고, 그 욕망은 모터스포츠로 실현되었다. 자동차의 '달리는' 속성이 승부를 겨루는 '레이싱'의 발견으로 자연스럽게 연결된 것이다. 모터스포츠는 놀이로써 자동차의 새로운 가치를 찾아낸 것이었다. 포르쉐의 경영자 페리 포르쉐는 이렇게 말했다. "만약 도로에서 자동차가 사라진다고 해도 우리는 여전히 스포츠카를 가지고 있을 것이다. 현재 우리는 말을 타고 다니지 않지만 레저와 스포츠 영역에서 과거보다 더 많은 경주마를 갖고 있는 것처럼 말이다. 이 세상에서 마지막에 만들어질 차, 그것은 아마 스포츠카가 될 것이다." 모터스포츠는 자동차 산업 초창기부터 관련 기술의 놀라운 진화를 이끌었다. 세상을 움직이는 것은 실용이나 경제성이 아닌 재미와 즐거움이다.

자동차는 탄생과 동시에 빠른 스피드로 대중들을 열광시켰다.
속도는 인간의 승부욕을 자극했고, 그 욕망은 모터스포츠로 실현되었다.

석유,
생명이 만든 에너지

전기자동차가 친환경 교통수단으로 각광받고 있지만 화석연료로 움직이는 기존 자동차와 비교하면 여러 한계점이 존재한다. 가장 큰 문제는 언제 어디서나 연료를 충전할 수 있는 인프라가 아직 갖춰지지 않았다는 점이다. 시내에서 가까운 거리를 이동하는 데는 불편함이 없겠지만 먼 거리를 이동하다가 전기가 부족해 차가 멈추면 그야말로 난감한 상황이 발생한다.

반면 휘발유나 경유 자동차는 전국 어디에나 있는 주유소에서 비교적 저렴한 가격에 연료를 주입할 수 있다. 환경적인 측면에서 점차 줄여 나가야겠지만 적어도 현재까지는 내연기관 자동차가 가장 신뢰성 높고 편리한 이동수단이라는 점은 분명하다. 거꾸로 생각하면 오늘날 자동차가 전 세계적으로 널리 확산될 수 있었던 이유는 언제 어디서나 연료를 손쉽게 구입할 수 있었기 때문이다. 이런 관점에서 석유는 자동차 산업을 움직인 강력한 에너지였다.

석유채굴과 정제기술의 발전

석유는 인류가 탄생하기 이전부터 땅속에 존재했다. 구약성경에서 신은 노아에게 방주 만드는 방법을 알려주며 '역청'을 바를 것을 당부했는데, 이 역청은 석유로 만든 일종의 방수재였다. 고대 메소포타미아 지역에서는 이것을 건축물 접착제로 사용했으며, 이집트에서는 미라를 싸는 천에 활용하기도 했다. 이렇게 일부 영역에만 활용되던 석유는 어둠을 밝히는 연료로 사용되면서 전 세계에 퍼졌다. 하지만 채취한 석유를 그대로 태울 경우 냄새와 연기가 심했고, 빛도 강하지 않았다. 석유가 있음에도 불구하고 등화용으로 아마씨 기름이나 고래 기름을 사용한 이유다.

석유가 본격적인 에너지 자원으로 주목받기 시작한 것은 19세기부터였다. 1854년 미국의 화학자 에이브람 게스너(Abraham Gesner)가 석유에서 등유를 추출하는 데 성공하면서 램프용 등유가 널리 사용되기 시작했다. 비슷한 시기에 에드윈 드레이크(Edwin Drake)는 새로운 석유 시추작업을 성공시켰다. 석유회사 직원이었던 그는 땅속에 철관을 박고 그 안에서 드릴이 구멍을 뚫으며 내려갈 수 있도록 했다. 이 방법은 지하에서 바위를 만나더라도 그것을 뚫고 석유를 퍼낼 수 있는 현대적 굴착법의 출발점이었다.

시추 기술이 보급되고 수요가 늘자, 석유를 채굴하고 정제하는 정유회사들이 급격히 늘어났다. 1870년 존 록펠러(John Rockefeller)가 설

립한 스탠더드오일이 대표적이다. 록펠러는 석유채굴보다는 석유정
제사업과 철도사업에 공격적으로 투자했고 수많은 정유회사들을 인
수하며 막대한 부를 축적했다.

휘발유와 가솔린엔진

석유를 증류탑에서 정제하면 끓는 온도에 따라 LPG, 휘발유, 등유,
경유, 중유 등 다양한 연료를 얻을 수 있다. 가장 마지막에 남는 찌꺼
기조차 윤활유나 아스팔트로 사용할 수 있다. 그야말로 뭐하나 버릴
것이 없는 물질이다. 하지만 19세기 중반만 해도 석유를 정제하는 목
적은 오직 등유를 얻기 위해서였다. 보다 좋은 등유를 생산하기 위해
나머지 휘발유나 경유 같은 것들은 부산물로 버려졌다.

　하지만 일부 발명가들은 등유 생산 과정에서 버려지는 것들, 특히
강한 폭발력을 지닌 휘발유에 주목했다. 등유를 태워 증기기관을 작동
시키려 했던 아이디어는 휘발유를 폭발시키는 내연기관으로 발전했
다. 그리고 마침내 1860년 프랑스의 에티엔 르느와르(Étienne Lenoir)가
세계 최초로 휘발유를 사용하는 내연기관을 발명했다. 얼마 후 독일의
니콜라우스 오토(Nikolaus Otto)는 최초의 현대적 내연기관이라고 할 수
있는 4기통 엔진을 발명했고, 이 엔진은 곧 자동차에 적용되었다.

　내연기관을 활용한 최초의 자동차는 벤츠였다. 1879년 독일의 카
를 벤츠(Karl Benz)는 오토, 다임러, 마이바흐의 엔진을 참조해 독자적

인 내연기관을 설계하고 처음으로 자사의 자동차에 장착했다. 한편 미국의 헨리 포드(Henry Ford)는 대량생산을 통해 모델T를 저렴한 가격에 출시하면서 자동차와 휘발유의 수요를 폭발적으로 늘리는 데 기여했다. 이처럼 휘발유는 원래 가치 없는 부산물이었으나 자동차의 확산과 함께 원유에서 가장 중요한 연료로 부상했다.

경유와 디젤엔진

자동차 엔진은 크게 휘발유를 사용하는 '가솔린 엔진'과 경유를 사용하는 '디젤 엔진'으로 구분된다. 단순히 연료만 다른 게 아니라 엔진이 작동하는 방식도 다르다. 가솔린 엔진은 휘발유와 공기를 섞어서 압축시킨 뒤 점화플러그로 불을 붙여 연소를 시킨다. 하지만 디젤 엔진은 공기만 높은 온도로 압축시킨 뒤 여기에 경유를 분사해 자연적으로 발화시키는 방식이다. 자연착화가 가능한 이유는 경유가 휘발유보다 불이 붙는 온도가 더 낮기 때문이다.

'디젤'이라는 명칭은 개발자 루돌프 디젤(Rudolf Diesel)의 이름에서 비롯되었다. 그는 압축된 공기에 연료를 뿌리면 자연착화가 가능할 것이라 생각하고 새로운 엔진 개발에 착수하였다. 당시 가솔린 엔진은 외부에 열관을 설치하고 점화시켰기 때문에 불이 나기 쉬운 구조였다. 루돌프 디젤은 자신의 엔진이 더 안전하다고 확신했고, 마침내 1894년 디젤 엔진을 개발해 특허를 얻었다. 개발 초기에는 부드러운 석탄가루를 연료로 사용했으나 연구를 거듭해 휘발유보다 안전한 등유를 사용하는 데 성공했다. 디젤 엔진은 열효율이 높고 경제성이 탁월해 공장 기계나 선박, 기차 등 대형 엔진이 필요한 곳에 두루 사용되었고, 소형화가 이루어지면서 점차 자동차에도 적용되기 시작했다.

생명을 채굴해 만든 현대문명

석유는 자동차 산업은 물론 기초 소재를 만들어내는 화학 산업에 이르기까지 없어서는 안 될 자원이 되었다. 석유가 언제 어떻게 만들어졌는지에 대해서는 의견이 분분하다. 가장 설득력을 얻는 것은 석유가 생명체에서 비롯되었다는 '유기기원설'이다. 이에 따르면 석유는 수억 년 전 생명체의 잔해가 모여 만들어졌다. 아주 오래 전 지구의 표면은 온통 바닷물로 뒤덮여 있었으며, 그 안에는 수많은 생명체들이 서식하고 있었다. 하지만 이 생명체들은 지구의 대규모 지각변동 때 모두 땅속에 묻혀버렸다. 그리고 깊은 어둠 속에서 오랜 세월 열과 압력을 받으며 어둠보다 검은 석유가 되었다. 현대문명은 수억 년 전의 어떤 죽음 덕분에 완성된 셈이다. 한 시대의 지층에서 화석이 된 생명들이 새로운 시대를 열었다. 그들의 육체는 오래 전 사라졌으나 생명의 흔적은 아직 석유 안에 남아 있다. 그리고 미처 다 피우지 못한 나머지 생을 불태우는 중이다.

오늘날 자동차가 전 세계적으로 널리 확산될 수 있었던 이유는
언제 어디서나 연료를 손쉽게 구입할 수 있었기 때문이다.

세계경제를 바꾼
강철 상자

대형할인마트에 가면 전 세계에서 생산된 물건들이 우리를 기다린다. 독일 주방용품, 미국 소고기, 베트남 해산물 등 세계 각지의 다양한 물건들을 손쉽게 구할 수 있다. 오늘날 사람들은 당연한 듯 먼 지역의 상품들을 저렴한 가격에 구입하지만 사실 이것은 1950년대까지만 해도 쉽게 상상할 수 없는 일이었다. 장거리 화물수송 자체가 어려웠고, 가능하더라도 운송료가 너무 비쌌기 때문이다. 운송비가 획기적으로 낮아지기 시작한 것은 컨테이너 시스템이 등장하면서부터였다.

과거의 항구 모습과 오늘날의 항구 모습을 비교해보면 운송비의 차이가 왜 발생하는지 알 수 있다. 옛 항구에는 항상 일하는 사람들로 붐볐다. 인부들은 저마다 무거운 짐을 짊어지고 배를 오르내렸다. 수십 킬로그램의 짐을 내리고 다시 선적하는 일은 엄청난 육체노동이었을 뿐만 아니라, 꽤 오랜 시간이 걸렸다. 그래서 부두 근처에는 짐을 보관하는 창고들이 즐비했고, 창고가 없는 곳에는 아예 제품생산을 위한 공장이 들어섰다. 항구는 원자재를 쉽게 확보하고 제품을 신속히 내보내기에 가장 유리한 장소였다.

오늘날 항구에는 등짐 나르는 인부들이 없다. 어떤 물건이 선적되는지 육안으로 확인할 수도 없다. 아스팔트로 포장된 광활한 공간에 수시로 드나드는 대형트럭, 높이 쌓여 있는 컨테이너 박스, 그리고 거대한 크레인이 있을 뿐이다.

컨테이너 시스템은 과거의 풍경을 한순간에 바꿔놓았다. 화물을 미리 규격화된 크기의 컨테이너에 담아서 항구로 옮긴 뒤 크레인으로 배에 선적하면 출발 준비가 끝난다. 화물을 배에서 항구에 내릴 때도 마찬가지다. 선적 과정이 단순화되면서 비용은 크게 감소했다. 부두에서는 노동자들이 빠르게 사라졌고, 물건을 쌓아두는 창고도 줄어들었다. 공장의 입지도 바뀌었다. 전 세계 어디든 빠른 수송이 가능해지면서 입지 선택이 자유로워졌다. 컨테이너 박스는 단순히 화물을 운반하는 도구가 아니라 화물운송 시스템 자체의 혁명이었고, 세계경제의 흐름을 바꾸는 데 결정적인 역할을 했다.

바다와 육지를 하나로 잇다

마크 레빈슨(Marc Levinson)의 저서 『더 박스』에는 컨테이너의 역사가 체계적으로 정리되어 있다. 책에 따르면 현대적인 컨테이너 시스템은 한 트럭운송회사에서 시작되었다. 1934년, 미국의 말콤 맥린(Malcom McLean)은 '맥린트럭 운송회사'를 설립하고 사업을 확장해 나갔다. 그의 성공 비결은 치밀하고 철저한 비용 절감이었다. 그는 가장 효율적인 화물 수송방법을 연구해 트럭 운송 현장에 적용했다. 하지만 이러한 노력도 시대의 흐름 앞에서는 어쩔 수가 없었다. 1950년대로 접어들자 도로 위에 차량이 크게 늘었고 고속도로 정체가 수익성을 악화시켰다.

고민 끝에 맥린은 정체된 고속도로에서 시달리는 것보다 아예 선박에 트럭 트레일러를 실은 뒤 다른 해안의 부두로 보내버리는 방법을 생각해냈다. 선적 작업 시 트럭들이 바로 접근해 짐을 실을 수 있는 획기적인 시스템이었다. 당시 미국의 법률은 트럭과 배를 구분했고, 두 영역은 완벽히 분리되어 있었다. 해운사, 철도회사, 트럭회사 등은 모두 자신들의 이권을 지키는 데만 관심이 있었다. 하지만 맥린은 각 영역을 '화물'이라는 관점으로 통합시켰다. 그는 누가 가장 큰 배를 가지고 있는지, 누가 가장 넓은 철도망을 가지고 있는지 전혀 관심이 없었다. 오직 자신의 화물이 안전하게 제 시각에 도착하는 데만 관심을 둘 뿐이었다.

1950년대의 전통적인 물류 시스템에서 트럭 운송회사가 자사의 선박을 활용해 목적지 해안으로 간다는 발상은 그야말로 혁신적인 것이었다. 마침내 1956년 58대의 트럭이 컨테이너 박스에 화물을 가득 싣고 뉴저지 주 뉴어크에 정박해 있는 유조선 아이디얼X호에 도착했다.

그리고 이 유조선은 5일 뒤 휴스턴으로 떠났다. 컨테이너 운송의 대혁명이 시작된 순간이었다.

가장 효율적인 운송 시스템으로 진화하다

이후 컨테이너 시스템은 보다 많은 짐을 효율적으로 옮기기 위해 진화를 거듭했다. 가장 시급한 과제는 배 안에서 컨테이너가 움직이지 않도록 단단히 고정하는 것이었다. 이에 맥린사에서는 새로운 트레일러 섀시를 만들었는데, 이것은 컨테이너를 가뒀다가 내보내는 작업을 훨씬 수월하게 만들었다. 컨테이너의 모습도 점차 달라졌다. 컨테이너를 쌓을 경우에 대비하여 각 모퉁이에는 강철 가로대를 입혔고, 특별한 잠금장치도 추가했다.

아울러 맥린사는 컨테이너를 배에 옮겨 싣는 전용 기중기도 개발했다. 기존의 선적용 기중기로는 18톤의 무게에 길이 10미터가 넘는 컨테이너를 도저히 들어올릴 수 없었기 때문이다. 맥린사는 선박의 거의 모든 곳에 닿을 수 있는 거대한 기중기를 만들었다. 그리고 1959년 세계 최초의 컨테이너 전용 기중기를 가동시켰다. 이 기중기는 단 3분 만에 20톤짜리 박스 1개를 배에 실을 수 있었다. 하역 인부들이 작업할 때보다 생산력은 30배 이상 높아졌다.

한편 동 시대의 맷슨이라는 해운회사는 가장 효율적인 컨테이너의 크기를 고민했다. 컨테이너가 너무 크면 빈 공간이 늘어났고, 반대로 너무 작으면 컨테이너를 싣는데 많은 시간이 소요되었다. 맷슨사는 배가 출발하는 시간, 각 화물선의 선적 용량, 갑판과 기중기의 사용 현황 등 수많은 조건으로 실험을 진행하여 가장 경제적인 운송방법을 찾아나갔다. 이러한 맷슨사의 노력은 훗날 컨테이너 규격의 표준화로 이어졌다.

표준화로 완성된 컨테이너 시스템

컨테이너는 1950년대 말 모든 운송업계를 뒤흔들었다. 컨테이너의 압도적인 경제성이 알려지면서 트럭, 기차, 선박 등 모든 교통수단들이 컨테이너를 운반하기 시작했다. 당연히 컨테이너의 종류도 다양할 수밖에 없었다. 미국의 한 제조업체는 무려 30종류 이상의 컨테이너 모델을 만들기도 했다. 하지만 이런 다양성이야말로 컨테이너 산업의 발전을 가로막았다. 컨테이너의 모양과 크기가 균일하지 않으면 효율적으로 선적할 수 없었고, 화물운송비의 절감도 더 이상 불가능했기 때문이다.

문제를 인식한 미국 정부는 1958년 컨테이너의 규격 등을 정리하기로 결정했다. 모든 산업이 그렇듯 컨테이너 분야에서도 '표준화'가 이뤄지기 시작한 것이다. 물론 이 작업은 여러 업체들의 이해관계가 얽히면서 오랜 시간이 소요되었다. 긴 논의 끝에 1965년 국제표준화기구(ISO)에서는 미국의 맞춤장치 디자인을 국제표준으로 공식 지정했다. 이후

사이즈, 규격 등 컨테이너 박스의 표준화가 순차적으로 이루어졌다.

컨테이너 박스는 20세기 화물운송의 혁명이었다. 컨테이너 자체가 획기적인 발명품은 아니었다. 그것은 그저 강철판을 용접해서 만든 거대한 박스에 불과했다. 하지만 컨테이너 박스를 활용한 자동화된 운송시스템은 복잡한 수송과정을 단순화시키면서 세계경제의 흐름을 바꿔놓았다. 컨테이너 시스템은 운송비를 절감시켰을 뿐만 아니라 원하는 시간에 화물을 운반할 수 있도록 하여 기업들의 재고 부담을 덜어 주었다. 나아가 전 세계의 경제 구조를 바꾸고 대규모 무역의 시대를 열었다. 지금 이 순간에도 강철 상자는 5대양 6대주를 이동하면서 세계경제를 움직이고 있다.

컨테이너 박스를 활용한 자동화된 운송시스템은
복잡한 수송과정을 단순화시키면서 세계경제의 흐름을 바꿔놓았다.

얄팍한 교통인문학

여행에 즐거움을 더하는
공항면세점

　　　　　　　　　　　　해외여행을 다녀올 때 한번쯤 공항이나 기내 면세점에서 선물을 구입했던 경험이 있을 것이다. 면세점에서는 말 그대로 각종 세금이 면제되기 때문에 비교적 저렴한 가격으로 상품을 구입할 수 있다. 술, 담배, 향수 등 세금 비율이 높은 물품은 상대적으로 더 저렴하게 느껴진다. 무엇보다 여행 중에는 경제적으로든 심적으로든 여유가 생긴다. 아니, 여유가 있기 때문에 떠나는 것이 더 정확하려나. 어쨌든 평소라면 가격 때문에 망설였을 사람들도 면세점에서는 모처럼 지갑을 열게 된다. 이런 면세점은 과연 언제부터 공항에 자리 잡기 시작했을까?

　　면세점은 법적으로 '공항 보세구역이나 시내에 설치된 비과세 상점'을 의미한다. 공항에서 면세점은 출국수속 후 탑승을 위해 대기하는 구역에 위치하고 있는데, 이는 관세법상 보세구역 내에서만 상품의 이동이 허용되기 때문이다. 그래서 면세품은 외부로 제품이 유출

되지 않도록 매우 까다롭게 관리되고 있다.

'면세'라는 개념은 오래 전 16세기 무렵부터 시작되었다. 1500년대에 배 안에서 사용할 목적으로 영국에서 선원들에 한해 술을 판매한 것이 면세품의 시초였다. 이후 시간이 흘러 19세기부터는 여객선 안에서 승객들도 관세 없이 물건을 구매할 수 있게 되었다. 초기에는 술이나 담배가 대부분이었으나 차츰 여행 중 사용할 물품이나 향수 같은 것들이 추가되기 시작했다. 그리고 오늘날 흔히 볼 수 있는 공항면세점은 항공교통이 발전하면서 비로소 등장하였다.

공항에 들어선 최초의 면세점

세계 최초의 공항면세점은 1947년 아일랜드의 섀넌공항에서 문을 열었다. 당시 이곳은 미국과 유럽을 오가는 대서양 횡단 항공기들이 기름을 넣기 위해 잠시 머무르는 곳이었다. 승객들은 약 3시간의 급유 시간 동안 무료하게 시간을 보내야 했고, 섀넌공항에서는 이런 승객들을 위해서 간단한 식음료를 제공하는 케이터링 서비스와 함께 작은 선물가게를 열었다. 브렌단 오레간(Brendan O'Regan)은 섀넌공항에서 케이터링 서비스를 하는 아버지를 돕다가 면세점 아이디어를 떠올렸다. 여객선 안에 있는 면세점을 공항에 적용하면 큰 수익을 올릴 수 있다고 생각한 것이다.

당시 항공여행은 부유층의 전유물이었기 때문에 고객들의 구매력은 충분했다. 문제는 관세법과 같은 법률적인 부분이었다. 오레간은 여권심사대를 통과한 승객은 법적으로 그 나라 영역 밖에 있기 때문에 관세와 세금을 면제해야 한다는 논리를 펼쳤다. 결국 아일랜드 정부는 그의 아이디어를 받아들여 섀넌공항을 무관세지역으로 만들었다. 면세점 허가 취득에 성공한 오레간은 공항에 있던 선물가게를 면세점으로 바꾸고 여러 제품을 구비해 놓았는데, 이것이 바로 공항면세점의 시작이었다. 그리고 섀넌공항의 면세점은 취급 품목을 늘려나가면서 점차 백화점과 유사한 모습을 갖추게 되었다.

전 세계 면세점 사업의 성장

섀넌공항 면세점의 성공 이후, 1955년 국제 여행에 관한 협약이 체결되면서 마침내 공항면세점의 시대가 본격적으로 열렸다. 당시 승객이 구입한 물품은 탑승할 때 게이트 앞에서 봉인된 가방 형태로 전달되었는데, 이런 방식은 오늘날까지도 이어지고 있다. 1959년에는 관세 및 소비세법에 따라 영국에서 에어사이드 면세점이 허용되었다. 에어사이드는 여권심사대를 통과해 비행기를 타기 전에 머무르는 곳으로, 오늘날 많은 공항 면세점이 입점해 있는 바로 그곳이다.

1960년대 들어 공항의 면세점 사업은 급격하게 성장하기 시작했다. 특히 세계에서 가장 영향력 있는 여행 유통업체인 DFS(Duty Free Shoppers)가 설립되면서 세계 면세점 시장은 큰 전환점을 맞게 되었다.

DFS의 성장에 많은 영향을 미친 것은 일본 관광객이었다. 1960년대부터 일본 경제가 성장하면서 일본 관광객이 크게 증가했으며, 이들은 오늘날 중국 관광객들처럼 면세시장의 큰손으로 떠올랐다. 그리고 DFS는 일본인들이 주로 다니는 지역에 면세점 운영권을 확보하면서 크게 성장할 수 있었다.

1970년대에는 해외여행이 대중화되면서 면세점도 질적, 양적으로 크게 발전했다. 대형 공항이 등장하면서 면세점 공간도 함께 커졌으며, 명품을 중심으로 한 면세시장도 급격히 성장했다. 그리고 오늘날 면세점은 여행객에게 특별한 추억을 선물하는 공간으로 사랑받고 있다.

세계 최고 수준의 인천공항 면세점

국내의 첫 공항면세점은 1962년 도입된 김포공항 면세점으로, 한국관광공사와 민간업체가 함께 운영하였다. 첫 번째 시내 면세점은 1974년 개점한 남문면세점이었으나 본격적인 시내 면세점은 1979년 관세법 개정으로 보세판매장 제도가 개정되면서부터였다. 그해 동화면세점과 롯데면세점이 문을 열었고, 이후 1988년 서울올림픽과 1989년 해외여행 자유화를 계기로 우리나라 면세산업이 크게 성장하였다. 2001년에는 인천공항이 완공되면서 면세산업이 세계적인 수준에 올랐다. 우리나라는 세계에서 면세시장 규모가 가장 큰 국가이며, 인천국제공항은 세계 국제공항 가운데서 가장 높은 매출을 기록하고 있다. 하지만 면세점 특허권에 대한 찬반 논란도 분분하다. 국가에서 특정기업의 이익을 위해 면세점 특허를 남발하고 있다는 지적도 제기된다.

하지만 면세점이 기업의 이익을 위해서만 존재하는 것은 아니다. 공항을 운영하기 위해서는 많은 비용이 필요한데 면세점에서 발생되는 매출로 공항 운영비의 일부를 해결할 수 있기 때문이다. 면세점 매출 덕분에 공항에서는 각 항공사에 부과하는 랜딩 비용을 낮출 수 있었고, 이는 항공권 가격 인하로 이어져 더 많은 사람들이 해외여행을 떠날 수 있도록 도왔다. 무엇보다 면세점은 여행을 보다 즐겁게 만드는 요소이자 외국인 관광객을 유치하여 관광사업을 활성화시키는 데 도움을 준다. 따라서 면세점 자체에 대해 비판적으로 바라보기보다는 공정하고 합리적으로 면세사업을 운영할 수 있도록 관련 제도를 정비하는 지혜가 필요하다.

면세점은 승객들의 지루함을 해결할 목적으로 탄생했으나 오늘날에는 여행과 소비를 결합시키는 강력한 촉매제가 되었다. 어떤 사람들은 '정서적 여행'과 '물질적 소비'가 서로 어울리지 않는다며 현재의 면세점 제도를 비판하기도 한다. 하지만 세상에는 '물질적 여행'이나 '정서적 소비'도 존재한다. 낯선 도시에 가서 아무 것도 느낄 수 없는 사람도 있고, 작은 선물에 큰 의미와 추억을 담을 수도 있다. 중요한 것은 경험의 형식이 아니라 그 경험에 대한 자세 혹은 마음가짐이다.

면세점 허가 취득에 성공한 오레간은 공항에 있던 선물가게를 면세점으로 바꾸고
여러 제품을 구비해 놓았는데, 이것이 바로 공항면세점의 시작이었다.

얄팍한 교통인문학

결정적 순간을 기록하는
블랙박스

교통사고 상황을 보여주면서 시청자들의 경각심을 일깨우는 TV 프로그램이 있다. 이런 방송에 사용되는 영상은 모두 차량용 블랙박스에 기록된 것으로, 사고의 순간이 생생하게 담겨 있다. 블랙박스는 사고의 원인을 규명하는 것은 물론 교통사고를 줄이는 데도 큰 역할을 한다. 이러한 블랙박스 기술은 언제 어떻게 시작되었을까?

'블랙박스'라는 용어는 자동차보다 항공기에서 먼저 사용되었다. 항공기는 사고 시 탑승자의 생존율이 매우 낮고 목격자 또한 거의 존재하지 않는다. 때문에 비행기가 추락하여 승무원과 승객이 전원 사망하는 경우, 사고의 원인을 규명하기가 매우 어렵다. 이런 이유로 항공기 관계자들은 사고 원인을 규명하고 재발을 방지하기 위해 비행 중 상황을 모두 기록해두는 특별한 장치를 만들었다. 이것이 바로 항공기에 장착되는 비행기록장치, 일명 '블랙박스'라고 불리는 장치다.

블랙박스는 1957년 호주의 항공기 연료 화학자 데이비드 워런 (David Warren)이 처음 개발했다. 항공과학기술연구소에 근무하던 그는 1953년 세계 최초의 제트여객기 '코멧(comet)'의 원인불명 추락 사고를 계기로 블랙박스 연구를 시작했다. 오랜 연구 끝에 워런은 두 개의 장치를 개발했다. 조종석에서 항공기의 고도 및 속도 등을 분석해 이를 금속 테이프에 기록하는 '플라이트 데이터 레코더(Flight Data Recorder, FDR)' 그리고 교신 내용 및 조종석 내부의 대화를 녹음할 수 있는 '콕핏 보이스 레코더(Cockpit Voice Recorder, CVR)'가 그것이다. 당시 워런이 개발한 블랙박스는 약 4시간 분량의 데이터를 담을 수 있었다고 한다.

어떤 충격에도 견딜 수 있어야 한다

블랙박스는 사고 이후에도 반드시 살아남아야 하는 만큼 그 어떤 기계장치보다도 튼튼하게 만들어져야 한다. 항공기용 블랙박스는 추락할 때의 중력가속도, 화재, 해수 압력 등에 모두 견딜 수 있도록 높은 내충격성·내열성·내수성을 갖는다. 또한 회수할 위치를 통보할 수 있도록 발신기도 내장하고 있다.

일반적으로 항공기용 블랙박스는 라면상자 정도의 크기이며, 자체 무게의 약 3,400배까지 견딜 수 있다. 화재에서도 고장나지 않게 섭씨 260도에서 약 10시간까지 견딜 수 있도록 제작되며, 깊은 바닷속에

얄팍한 교통인문학

서도 약 30일간 기록을 유지할 수 있도록 제작된다. 이러한 블랙박스에는 사고 발생 이전의 비행고도, 속도, 대기시간 등 각종 비행정보는 물론 사고 직전 조종석 승무원의 대화까지 모두 기록되어 있다.

흔히 블랙박스는 검정색일 거라고 생각한다. 하지만 블랙박스는 '작동원리를 모르더라도 결과는 알 수 있게 만든 장치'를 의미하는 물리학 용어에서 비롯되었으며, '블랙'이 색깔을 뜻하는 것은 아니다. 항공기용 블랙박스는 주로 주황색이나 노란색으로 제작된다. 비행기가 주로 산이나 바다에 추락하기 때문에 사고 현장에서 쉽게 발견되도록 하기 위해서다.

자동차의 상황을 기록하는 EDR

항공기에서 시작된 블랙박스는 이후 선박에도 적용되었고, 최근에는 자동차에도 널리 탑재되고 있다. 자동차용 블랙박스는 크게 EDR(Event Data Recorder)과 대시 캠(Dash Cam)으로 구분된다. EDR은 자동차 제조사에서 차량에 장착하는 일종의 기록장치로써 페달, 핸들 조작, 속도 등에 관한 정보를 디지털 데이터로 기록한다. 항공기용 블랙박스와 유사하게 EDR은 자동차의 기계적 결함이나 사고 원인을 규명하는 용도로 사용된다. 다만 운전자가 임의로 확인하기는 어려우며 특별한 분석 장비가 있어야 데이터 접근이 가능하다.

이러한 자동차용 EDR은 1994년 스웨덴 자동차회사 사브에서 최초로 적용하였고, 이후 여러 자동차 회사들이 순차적으로 도입하기 시작했다. 미국과 유럽 등 선진국에서는 이미 오래 전부터 법적으로 EDR의 도입을 확대해 왔다. 특히 미국은 도요타 리콜 사태를 계기로 2010년 '자동차 안전법안'을 마련했다. 이 법안에서는 자동차용 EDR이 항공기 블랙박스처럼 어떠한 사고에도 파손되지 않을 만큼 강한 내구성을 갖도록 규정했으며, 교통사고와 관련된 법원의 요청이 있을 때 즉시 그 내용을 공개하도록 했다.

블랙박스는 모두 알고 있다

우리가 자동차 안에서 흔히 볼 수 있는 블랙박스는 대시 캠에 속한다. 이것은 자동차 대시보드에 장착하는 녹화용 카메라를 의미하며, 교통사고가 발생했을 때 이 카메라의 영상을 토대로 사고의 원인은 물론 쌍방의 과실여부를 판별할 수 있다. 자동차용 블랙박스의 녹화영상은 CCTV 영상처럼 객관성이 확보되어 법적 증거로 인정된다. 과거에는 교통사고가 발생했을 때 주변의 목격자부터 확보하는 것이 필수였지만 블랙박스가 대중화된 요즘에는 그럴 필요가 없어졌다.

국내 최초의 개인차량용 블랙박스는 현대자동차 사내벤처기업인 HK카의 연구개발로 탄생했다. 당시 제품은 사고 발생 전 14초, 사고 후 6초 정도를 영상으로 기록하는 수준이었다. 이후 2000년대 중반부터 카메라 기술과 메모리 기술이 발전하면서 차량용 블랙박스가 빠르게 대중화되었다. 최근에는 차량의 전방은 물론 후방과 측면까지 동시에 촬영할 수 있는 제품도 등장했으며, 자동차 안에 장착된 EDR과 연동하여 보다 정확하고 세밀한 기록을 남길 수도 있다.

차량용 블랙박스는 교통사고의 원인을 빠르고 정확하게 규명하는 것은 물론, 나아가 교통사고 감소 및 범죄예방에도 큰 도움을 준다. 이런 이유로 요즘에는 자동차 보험회사에서 블랙박스를 장착한 차량에 대해 보험료를 할인해주기도 한다. 하지만 아무리 블랙박스 기술이 발전한다고 해도 사고 자체를 막아줄 수는 없다. 사고의 원인을 규명하는 것도 중요하지만 그보다 더 중요한 것은 사고 자체를 예방하는 안전운전이다.

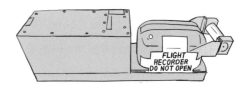

블랙박스는 '작동원리를 모르더라도 결과는 알 수 있게 만든 장치'를 의미하는 물리학 용어에서 비롯되었으며, '블랙'이 색깔을 뜻하는 것은 아니다.

라디오,
운전자의 귀를 즐겁게 하다

〈Video Killed Radio Star〉. 1979년 영국의 2인조 그룹 버글스(Buggles)가 히트시킨 노래다. TV와 같은 영상 미디어의 발전과 함께 실력보다 외관에 치중하는 스타들이 양산되면서 진짜 실력 있는 스타들이 사라지게 된다는 메시지를 담고 있다. 실제로 영상음악채널 MTV가 1981년 개국과 함께 첫 번째로 내보낸 영상이 바로 〈Video Killed Radio Star〉의 뮤직비디오였다. 그래서 이 노래는 종종 영상 미디어의 태동과 음성 미디어의 몰락을 드러내는 상징으로 사용된다.

하지만 40년이 지난 지금까지 라디오는 아직 사망선고를 받지 않았다. 세상은 영상과 디지털 미디어로 넘쳐나지만 그래도 여전히 누군가에게 라디오는 필요한 존재다. 예전과 달리 현재의 라디오는 보다 특별한 수요층을 대상으로 한다. 아이를 돌보는 데 집중해야 하는 부모들, 운전에 집중해야 하는 운전자들은 라디오의 주요 애청자들이다. 소리만 전달하기 때문에 다른 일을 하면서도 얼마든지 콘텐츠를 즐길 수 있기 때문이다. 특히 운전자에게 라디오는 운전의 지루함을 달래주는 친구와도 같다.

라디오 기술의 탄생

라디오는 전파를 활용한 일종의 통신 방법으로 1800년대 후반부터 관련 기술이 개발되었다. 독일 물리학자 헤르츠(Heinrich Hertz)는 전자기파를 만들어냈고, 이탈리아의 물리학자 마르코니(Guglielmo Marconi)는 전자기파를 송수신하는 장치를 개발했다. 특히 모스부호를 무선으로 전송하는 마르코니의 무선전신 기술은 라디오 방송을 탄생시킨 원천 기술이라 할 수 있다.

이후 모스부호가 아닌 인간의 음성을 무선으로 전달하려는 노력이 이어졌다. 세계 최초로 음성과 음악을 무선 전송한 사람은 레지날드 페센든(Reginald Fessenden)이라는 인물이다. 그는 1906년 자신이 개발한 발전기와 마이크를 이용해 바이올린을 연주하며 노래를 불렀고, 이를 대서양을 향해 무선으로 송출하는 데 성공했다.

한편 동시대에 소리를 증폭시키는 기술도 개발되었다. 1906년 미국의 포레스트(Lee de Forest)는 라디오의 핵심 부품인 3극 진공관을 발명하고 특허를 취득했다. 그는 뉴욕에서 오페라를 라디오로 중계하는 이벤트를 성공시킨 후, 1915년부터 자신의 공장에 전파탑을 세우고 정기적인 음악 방송을 시작했다. 라디오 기술을 토대로 마침내 라디오 방송이 시작된 것이다.

자동차, 라디오와 만나다

그렇다면 자동차에 라디오가 장착된 것은 언제일까? 1913년 포드가 모델T로 자동차 대중화 시대를 열었고, 이후 1920년대 말부터 라디오가 대중화되기 시작했다. 초기 자동차 라디오는 완성차에 처음부터 장착되는 것이 아니라 소비자가 별도로 구입해 자동차에 장착하는 방식이었다. 자동차를 이용하는 시간이 늘면서 사람들은 집에서 듣던 라디오를 자동차에서도 듣고 싶어 했다. 이런 수요에 발맞춰 미국의 폴 갤빈(Paul Galvin)은 그의 동생 조지프 갤빈(Joseph Galvin)과 함께 회사를 설립하고 1930년에 모토롤라(Motorola)라는 이름이 붙은 진공관 자동차 라디오를 판매했다.

당시에는 오디오 제품에 '올라(ola)'라는 단어를 붙이는 것이 유행이었는데, 이는 이탈리아어로 '목소리'를 의미했다. 예컨대 빅터의 축음기는 빅트롤라(Victrola)였고, RCA의 라디오는 라디올라(Radiola)였다. 이런 유행에 발맞춰 자동차용 라디오 수신기를 개발한 갤빈 형제는 자동차를 뜻하는 모토(Motor)에 올라를 붙여 모토롤라라는 이름을 붙였다. 한때 휴대전화의 대명사로 군림하던 모토롤라의 첫 작품은 다름 아닌 '자동차 라디오'였던 것이다.

라디오는 결코 죽지 않는다

1950년대가 되자 자동차 제조사들은 완성차에 라디오를 부착해서 판매하기 시작했다. 이 시기에 자동차용 라디오 역시 발전을 거듭했다. 1952년에는 독일의 블라우풍트(Blaupunkt)에서 세계 최초의 진공관 FM 자동차 라디오 수신기를 발매했다. 그리고 1950년대 중반, 포드는 자사의 자동차 일부 모델에 라디오 주파수를 자동으로 찾는 기능을 적용했다. 이 기능은 운전 중에도 간편하게 원하는 채널을 맞출 수 있도록 도왔다. 그리고 1964년 네덜란드의 필립스(Philips)가 콤팩트 카세트 테이프를 발명하면서 큰 성공을 거두었고, 이 소형 오디오 시스템이 자동차에 장착되면서 운전자들은 언제 어디서나 원하는 음악을 들을 수 있게 되었다.

이후 오디오 기술과 멀티미디어 기술은 속속 자동차에 접목되었다. 1990년대 CD(Compact Disk)의 대중화에 따라 자동차에 CD플레이어가 장착되었고, 2000년대에는 아이팟이 선풍적인 인기를 얻으면서 자동차에도 이런 주변기기를 연결할 수 있는 포트가 장착되었다. 최근에는 블루투스 오디오 기능이 자동차에 탑재되어 스마트폰에 담긴 다양한 콘텐츠를 편리하게 자동차에서 즐길 수 있다. 하지만 아무리 이런 기술이 발전하더라도 운전 중에 영상을 시청할 수는 없다. 자동차 제조사들도 주행 중에는 영상이 꺼지도록 제약을 둔다. 운전 중 우리에게 허용되는 것은 오직 소리뿐이다. 때문에 자동차가 존재하는 한 라디오는 사라지지 않을 것이다. 마치 라디오 스타가 비디오 스타의 인기에 연연하지 않고 꿋꿋하게 자신의 음악 세계를 구축해 나가는 것처럼 말이다.

운전자에게 라디오는 운전의 지루함을 달래주는 친구와도 같다.

얄팍한 교통인문학

자동차,
캠핑의 풍경을 바꾸다

　　　　　　　　휴가 시즌이 되면 사람들은 자동차
에 각종 캠핑 장비를 싣고 자연으로 떠난다. 장비의 품질이 캠핑의 품
질을 결정하는 것은 아니다. 야영 경험이 많은 사람들은 거창한 도구
없이도 자연에서 멋진 캠핑을 즐길 줄 안다. 허나 초보자들은 장비가
많을수록 몸이 편해지는 것 또한 사실. 그래서 짐을 하나라도 더 가져
가기 위해 사람들은 보다 큰 자동차를 선택한다. 요즘에는 SUV로 캠
핑 트레일러를 끌고 다니거나 아예 캠핑카를 따로 구입하는 사람들도
상당수다. 이런 도로 위의 오토캠핑 장비에는 더 많은 문명의 도구를
자연으로 가져가려는 사람들의 욕망도 함께 실려 있다.

　캠핑(camping)의 어원은 들판이라는 뜻의 라틴어 'campus'이며, 로
마시대에 이 말은 '전장'을 의미하기도 했다. 실제로 캠핑은 군대와 밀
접한 관련이 있다. 옛 군인들은 전쟁터로 이동하거나 혹은 전쟁을 치
르는 중에 야영할 곳이 필요했을 것이다. 그들은 행군이 끝나면 불을

피우고 잠잘 곳을 마련했다. 나무를 엮어 만든 뼈대에 가죽이나 옷감을 덮어서 간단한 움막을 만들었는데, 이것이 발전해 점차 텐트의 형태가 되었다. 역사적으로 이런 이동식 주택이 가장 필요했던 사람들은 유목민들이었다. 그들은 큰 수레에 텐트, 취사도구, 식량 등을 싣고 목초를 찾아 무리지어 이동했다. 지금도 몽골의 유목민들은 '게르'라는 이동식 전통가옥에서 노마드의 삶을 이어가고 있다.

근대적 캠핑의 시작

오늘날 캠핑은 생존의 영역에서 레저의 영역으로 이동했다. 이러한 근대적 캠핑의 출발점은 19세기 후반 영국에서 찾아볼 수 있다. 산업혁명으로 도시의 인구가 급증하면서 시간적·경제적으로 여유가 생긴 일부 도시인들은 휴식을 위해 자연을 찾기 시작했다. 오늘날 도시인들이 주말에 교외로 떠나듯이 당시 영국인들도 복잡한 도시를 벗어나 여가를 즐긴 것이다. 토머스 히람 홀딩(Thomas Hiram Holding)은 이러한 근대적 의미의 캠핑을 논할 때 꼭 등장하는 인물이다.

그는 19세기 중반 런던에서 의류제작자로서 큰 성공을 거두었으며, 아웃도어 생활을 무척 좋아했다. 당시 영국에서는 자전거가 크게 유행했는데, 히람 홀딩은 1878년 자전거 투어 동호회를 결성하고, 자전거에 텐트를 싣고 다니면서 캠핑을 즐겼다. 요즘 흔히 볼 수 있는 자전거 캠핑족의 원조였던 셈이다. 그는 아일랜드로 자전거 캠핑을 다녀온 뒤 『자전거와 캠프』라는 책을 쓰면서 이렇게 말했다. "나는 호텔에 묵는 것보다 캠프를 좋아한다. 왜냐하면 캠프는 단지 경제적인 이유뿐만 아니라 무한한 자유와 드넓은 자연을 맛볼 수 있기 때문이다."

토머스 히람 홀딩은 1901년 '사이클 캠퍼스 협회(Association of Cyclel Campers)'를 설립하면서 자전거 캠핑을 본격적으로 시작했다. 자전거 캠핑에서 중요한 것은 캠핑 장비의 효율적인 운반이다. 자동차와 달리 장비의 무게와 부피가 늘어날수록 이동이 힘들어지기 때문이다. 요즘에도 자전거 캠핑족들은 일반 캠핑족들과 달리 장비를 고를 때 가격이나 편의성보다는 무게와 부피를 우선적으로 고려한다. 당시 의류제작자였던 히람 홀딩은 가벼운 A형 텐트를 직접 디자인했을 뿐만 아니라, 작고 간편한 캠핑 장비까지 손수 개발했다.

한편 캠핑은 교육 목적으로 활용되기도 했다. 미국 남북전쟁 무렵, 워싱턴 거너리 학교(Gunnery School)의 교장이었던 프레드릭 윌리엄 건(Frederick William Gunn)은 캠핑의 교육적 가치에 주목하고 학생들이 캠핑을 통해 공동체 생활을 배울 수 있도록 지도했다. 이후 캠핑은 자연을 배우고 즐길 수 있는 대표적인 교육 프로그램으로 자리 잡기 시작했다. 이런 맥락에서 1907년 결성된 보이스카우트연맹 역시 캠핑을 대중화시키는 데 크게 기여한 조직이라고 볼 수 있다.

자전거 캠핑에서 오토캠핑으로

1920년대부터 자동차 보급이 크게 늘면서 이를 활용한 오토캠핑도 점차 확산되었다. 가족과 주말을 보내는 새로운 방법으로서 캠핑이 주목받기 시작한 것이다. 자동차는 캠핑을 대중화시킨 것은 물론, 캠핑의 방법과 형식까지 바꾸었다. 특히 이 시기에는 두 차례의 세계대전을 거치면서 캠핑 장비 역시 획기적으로 발전했다. 전쟁을 위해 제작한 군용 장비는 최고의 캠핑 장비가 되었으며, 오늘날 우리가 사용하는 침낭, 버너, 텐트 등이 대부분 이 시기에 만들어졌다. 캠핑용품으로 유명한 콜맨(Coleman) 역시 제1차 세계대전 때 야외용 가스랜턴을 군대에 납품하면서 명성을 얻기 시작했다. 또한 자동차에 많은 장비를 실을 수 있게 되면서 캠핑 장비 역시 편의성 중심으로 바뀌었다. 온 가족을 수용할 수 있는 거대한 텐트와 타프, 야외용 식탁 같은 것은 자동차가 없으면 아마 등장하지 않았을 것이다. 이처럼 자동차와 캠핑 장비가 함께 발전하면서 오토캠핑은 누구나 즐길 수 있는 레저 활동으로 자리 잡았다.

자동차가 캠핑의 형태를 바꾸긴 했지만 캠핑카의 원형은 자동차가 등장하기 이전부터 발견된다. 텐트와 같은 별도의 장비를 사용하지 않고 탈것 안에서 생활한다는 관점에서 캠핑카의 기원은 15세기 체코 보헤미안 지방의 집시들이라고 할 수 있다. 당시 인도에서 넘어온 집시들은 마차 위에 천막을 치고 이동하며 살았기 때문이다.

한편 19세기 미국 서부에는 '척 왜건(chuck wagon)'이라는 일종의 푸드트럭이 있었다. 당시 소를 키우는 카우보이들은 넓은 평원에서 끼니를 때우기가 쉽지 않았다고 한다. 이에 1866년 찰스 굿나잇(Charles Goodnight)이라는 목장 주인이 버려진 군용 마차를 개조해 간이 부엌 시설을 만들었다. 그는 마차에 나무 박스를 매달고, 여기에 냄비와 프라이팬, 식기류, 향신료 등을 담았다. 냉장고가 없었기 때문에 식재료는 주로 말린 콩, 소금에 절인 고기, 커피, 옥수수 가루 같은 것들이었다. 척 왜건에서 판매한 음식들은 서부시대의 카우보이들에게 큰 인기를 얻었는데, 탈것에 주방을 결합시켰다는 점에서 캠핑카의 또 다른 원형이라고 할 수 있다.

현대식 캠핑카의 시초가 무엇인지에 대해서는 의견이 분분하다. 자동차가 결합된 최초의 캠핑카는 1910년 피어스 애로우(Pierce Arrow)라는 제조사가 모터쇼에서 선보인 '투어링 랜도(Touring Landau)'라는 모델이다. 이 캠핑카에는 캠핑 장비를 위한 화물칸은 물론 화장실까지 탑재되어 있었다고 한다. 항공 산업의 선구자인 글렌 커티스(Glenn Curtiss)가 1919년 디자인한 에어로카(Aero car)를 최초의 캠핑카로 꼽는 사람도 있다. 커티스는 제1차 세계대전이 당시 각국에 군용기를 공급했고 전후에는 유선형 자동차를 생산했는데, 캠핑카의 형태를 갖춘 에어로카도 함께 선보였다.

미국에서는 1920년대부터 건축업자와 제조사들이 트럭과 버스를 캠핑용으로 개조해 판매하기 시작했으며, 제2차 세계대전 동안 생산이 중단되었다가 1950년대 와서야 재개되었다. 당시 제작자들은 트럭이나 버스 섀시에 트레일러 본체를 붙이는 방법으로 캠핑카를 생산했다. 이후 사람들의 생활수준이 높아지면서 캠핑카는 보다 다양한 기능과 고급스러운 인테리어를 갖추며 발전해 나갔다.

기억의 불씨를 되살리다

국내에도 아웃도어 문화가 확산되면서 캠핑카 보급률이 꾸준히 증가하고 있다. 2016년 6월 기준 국내 캠핑카 등록대수는 6,700여 대 수준으로, 이는 10년 전에 비해 20배나 증가한 수치다. 캠핑카 외에도 캐러반 등의 트레일러를 자동차에 연결해 캠핑이나 레저를 즐기는 사람도 크게 늘었다. 이처럼 레저 관련 교통수단이 증가하자 이와 관련된 제도의 개선도 조금씩 이뤄지고 있다.

우리나라에서는 2016년부터 도로교통법을 개정해 기존 1종특수 트레일러면허를 대형견인차면허와 소형견인차면허로 구분해 시행하기 시작했다. 기존에는 750kg 초과 차량을 견인하려면 1종특수 트레일러면허를 반드시 취득해야 했다. 하지만 이제는 750kg 초과 3000kg 이하인 차량을 견인할 때 소형견인차면허증을 취득하면 된다. 레저 인구 확산에 따라 면허 수요를 현실에 맞게 개선한 것이다. 신설된 소형견인차면허는 운전면허증을 보다 세분화함으로써 안전한 레저문화 확산과 관련 산업 발전에 도움을 주고 있다.

얄팍한 교통인문학

지금이야 캠핑이 특별한 체험이지만 사실 원시시대까지 거슬러 올라가면 인류의 삶 자체가 캠핑의 연속이었다. 우리의 일상은 원래 자연에서 먹을 것을 찾고 바람을 따라 걷다가 어둠 속에서 잠드는 삶이었다. 문명이 발전하면서 인간은 자연과 멀어졌지만 그 기억은 DNA 깊숙한 곳에 모닥불의 불씨처럼 남아 있다. 최근의 캠핑 열풍은 도심의 생활에 지친 사람들이 오래 전 잃어버린 기억을 회복하는 과정일 것이다.

자동차는 캠핑을 대중화시킨 것은 물론, 캠핑의 방법과 형식까지 바꾸었다.

음식으로 더 맛있는
여행

탈것이 인간에게 준 가장 큰 선물은 '여행'이다. 하지만 탈것만 있다고 해서 당장 떠날 수 있는 것은 아니다. 장시간 이동하면서 의식주를 해결해야 하기 때문이다. 여행 가방이 아무리 크더라도 이것저것 다 가져갈 수는 없는 법. 과거에는 여행 자체도 어려운 일이었지만 들고 가야 할 짐도 골칫거리였다. 특히 음식은 부피와 무게를 많이 차지하는 것은 물론 변질의 위험까지 있기에 준비하기가 까다로웠다. 지금이야 고속도로가 어디에나 건설되어 있고, 가는 곳마다 휴게소와 식당이 있어서 먹는 것이 큰 걸림돌은 아니다. 하지만 과거의 여행자들은 외지에서 음식을 해결하는 것이 중요한 문제였다.

오래 전, 먼 거리를 이동해야 하는 사람들은 대부분 무역을 하는 상인들이었다. 그들은 잦은 이동 과정에서 자신만의 여행 노하우를 축적해나갔다. 옛 상인들은 주로 말이나 낙타에 짐을 싣고 먼 길을 떠났는데, 음식을 건조시켜서 짐의 무게와 부피를 줄이고 상하는 것을 방지했다. 왕이나 귀족들은 장거리 여행을 떠날 때 주로 마차를 사용했다. 당시에는 제대로 된 도로가 없었기 때문에 최고급 마차라고 해도 그리 편하지 않았지만 대신 많은 식량과 짐을 실을 수 있었다.

난봉꾼으로 유명한 카사노바의 자서전에는 18세기 유럽 사회의 풍속사가 묘사되어 있는데, 그중에는 여행에 관한 이야기도 있다. 그는 장거리 여행을 할 때 아예 요리사를 대동하고 마차에 음식과 포도주를 가득 실은 뒤 필요할 때마다 마차를 세워 식탁을 차리게 했다고 한다. 오늘날로 치면 캠핑카로 이동하면서 셰프가 요리하는 음식을 맛보았던 셈이니 지금 기준으로도 꽤나 호사스러운 여행임에 틀림없다.

철도여행과 음식문화

마차는 오늘날 자동차처럼 지극히 개인적인 교통수단이었다. 반면 기차는 보다 많은 사람들이 동시에 먼 거리를 이동할 수 있는 본격적인 대중교통의 시작이었다. 철도의 구간이 길어질수록 여행시간도 늘어났고, 자연스럽게 기차 안에서 끼니를 해결해야 하는 사람들도 생겨났다. 철도 회사들은 승객들의 편의와 수익을 위해서 열차 내에 식당을 운영하기 시작했고, 오늘날까지 열차 내 식당차로 이어지고 있다. 물론 열차에 따라 식당차의 수준도 천차만별이다. 1883년 유럽에서 운행을 시작한 오리엔트 특급열차는 현재도 일부 운행이 되고 있는데, 이 열차에는 식당차와 주류 전용차량이 설치되어 있다. 이곳에서는 모든 음식이 직접 조리되며 음식의 맛과 서비스 역시 세계 최고 수준이라고 한다.

한편 일본은 열차 음식을 하나의 문화로 발전시킨 나라다. 일본에는 좁은 국토에 수많은 철도가 놓여 있어 일찍이 철도 여행이 발전했는데, 이 여행에서 빠지지 않는 것이 바로 '에키벤'이다. 에키벤은 '기차(에키)'와 '도시락(벤토)'의 합성어로 기차 안에서 파는 각 지역의 도시락을 의미한다. 유래에 대해서는 여러 설이 있으나 1885년 무렵 도호쿠 본선 우쓰노미야역에서 주먹밥2개와 단무지를 대나무 껍질로 싸서 판매한 것이 최초였다고 한다. 여기서 점차 도시락 형태로 발전한 것이 지금의 에키벤이다.

현재 일본에는 각 지역별로 약 3,000종 이상의 에키벤이 판매되고 있으며, 열차가 경유하는 각 지역의 신선한 특산물을 이용하는 것이 특징이다. 에키벤은 모양과 맛이 뛰어나 여행객들에게 인기가 높으며, 이것을 먹기 위해 일부러 기차 여행을 떠나는 사람도 있을 정도다. 에키벤은 과거 항공여행이 비싸고, 기차가 느렸던 1980년대에 최고의 전성기를 누렸으며, 열차 이용이 줄어든 현재에도 일본의 대표적인 관광 상품으로써 그 명맥을 이어가고 있다.

하늘에서 맛보는 특별한 음식

비행기 여행에서는 기내식을 빼놓을 수 없다. 기록상으로 최초의 기

얄팍한 교통인문학

내식은 1919년에 탄생했다. 프랑스 파리와 영국 런던 사이를 오가던 정기 항공노선에서 샌드위치, 과일, 초콜릿 등을 종이상자에 담아 승객에게 제공한 것이 시초였다. 당시에는 비행기가 작고 기술이 부족해 기내식 설비를 제대로 갖추기가 어려웠다. 하지만 점차 비행기가 대형화되고 장거리 운항이 많아지면서 기내에서 식사를 제공해야 할 필요성도 커졌다. 이 무렵부터 기내식 관련 시설이 개발되기 시작했고, 독립적인 산업으로 자리 잡게 되었다.

최근에는 기내식이 항공사의 경쟁력을 좌우할 정도로 중요해졌다. 특히 2000년대 중반 이후 저가 항공사들이 급성장하면서 대형 항공사들은 차별화 전략의 일환으로 기내식 개발에 사활을 걸고 있다. 국제기내식협회는 매년 전 세계 항공사들의 기내식을 평가하는데, 우리나라에서는 대한항공의 '비빔밥'과 아시아나항공의 '영양쌈밥' 등 한식 메뉴가 최고상인 머큐리상을 수상한 바 있다.

기내식은 조리방법이나 유통방법이 일반적인 요리와는 조금 다르다. 먼저 변질을 막기 위해 조리한 음식은 급속 냉각시켜 비행기로 옮긴다. 기내에서 데웠을 때 맛과 수분을 유지하는 것이 관건이다. 또한 지상보다 낮은 기압은 승객들의 미각과 후각을 둔감하게 만들기 때문에 일반 음식보다 조금 더 짜게 만드는 편이다. 하지만 최근 건강식에 대한 요구가 늘면서 염도를 점차 낮추는 추세라고 한다.

알랭 드 보통은 영국 히드로 공항에서 일주일을 보내면서 기내식에 대해 이렇게 말했다. "기내식은 인공적인 것과 자연적인 것, 테크

놀로지에 의존한 것과 유기적인 것 사이에 최대의 긴장이 이루어지는 지점에 자리잡고 있다." 우리가 기내식을 특별하게 생각하는 것은 절대 음식을 조리할 수 없을 것 같은 환경에서 꽤 그럴싸한 만찬을 즐길 수 있기 때문이다. 마치 구름 위의 신전에서 신들의 만찬에 참석하는 듯한 경험, 그것은 인간이 '기술'과 '자본'이라는 새로운 신을 영접해서 얻어낸 것이다.

낯선 장소에서 낯선 음식을 맛보다

요즘 TV에서는 이른바 '쿡방'과 '먹방'이 대세다. 거의 모든 채널에서 먹는 방송이 빠지지 않는다. 그리고 이런 프로그램들은 대부분 '여행'이 결합되어 있다. 방송의 기본 포맷은 출연자들이 어디론가 떠나서 음식을 먹으며 수다를 떠는 것이다. 전국의 맛집을 찾아 떠나는 것은 기본. 해외 현지의 음식을 소개하는 것은 물론이고, 아예 외국에 식당을 차려서 음식을 조리하고 서비스하는 과정을 담기도 한다. 일상에서 방송미디어까지 여행과 음식은 서로 긴밀하게 연결되어 있다. 아마도 먼 옛날에는 음식을 구하는 과정 자체가 여행이었을 것이다. 그리고 오늘날의 여행은 낯선 장소에서 낯선 풍경을 보면서 낯선 음식을 맛보는 것과 다르지 않다.

우리가 기내식을 특별하게 생각하는 것은 절대 음식을 조리할 수 없을 것 같은 환경에서 꽤 그럴싸한 만찬을 즐길 수 있기 때문이다.

퍼스널 모빌리티의
미래

영화 〈백투더퓨처2〉의 주인공은 땅
위에 뜨는 스케이드보드, '호버보드'를 타고 악당으로부터 도망친다.
비록 하늘을 나는 호버보드는 아니지만 그것을 대체할 만한 각종 기
계장치들이 오늘날 거리를 질주한다. 다름 아닌 새로운 이동수단으로
각광 받고 있는 '퍼스널 모빌리티(personal mobility)'다.

퍼스널 모빌리티란 전동휠, 전동 킥보드, 전기 자전거 등 혼자서 타
고 다니는 동력 이동 기구를 말한다. 전기를 이용해 움직이는 친환경
이동수단이라는 점에서 '스마트 모빌리티(smart mobility)'라고도 부른
다. 이런 탈것들이 등장한 이유는 도시가 복잡해지고 1인 가구가 늘면
서 기존의 자동차를 대체할 새로운 교통수단이 필요해졌기 때문이다.

퍼스널 모빌리티는 복잡한 대도시의 근거리 이동에 최적화되어 있
다. 모터의 힘으로 빠르고 편하게 움직일 수 있으며, 자전거보다 작고
가볍기 때문에 버스나 지하철 같은 대중교통과 연계하기도 좋다. 무

엇보다 화석연료를 사용하지 않는 친환경 무공해 교통수단이다. 스마트폰이 전자제품의 개인화를 이끌어냈다면 퍼스널 모빌리티는 이제 이동수단의 개인화를 열어가고 있다.

퍼스널 모빌리티의 역사

퍼스널 모빌리티의 역사는 꽤 오래 전으로 거슬러 올라간다. 시초는 2001년 개발된 세그웨이(Segway)라는 제품으로, 발명가 딘 케이먼 (Dean Kamen)이 만든 휠체어 아이봇(ibot)에서 시작되었다. 그는 휠체어를 탄 장애인이 좁은 길에서 방향을 틀지 못해 고생하는 걸 보고 스스로 균형을 잡을 수 있는 휠체어를 생각해냈고, 그 결과물이 바로 아이봇이었다. 이 발명품은 두 개의 바퀴를 이용해 달릴 수 있었으며, 계단도 오르내릴 수 있는 획기적인 제품이었다. 딘 케이먼은 아이봇에 사용된 균형장치를 개량해 세그웨이를 만들었으며, 이것은 곧 퍼스널 모빌리티의 대명사가 되었다.

세그웨이는 당시 '인터넷보다 위대한 발명품'이라는 찬사를 들었지만 높은 가격과 무게 때문에 대중화에 성공하지는 못했다. 퍼스널 모빌리티가 널리 퍼지게 된 것은 기술에 가격 경쟁력이 더해진 시점부터였다. 중국 기업들이 적극적으로 관련 제품을 제작하면서 현실적인 가격을 확보하게 된 것이다. 특히 샤오미가 설립한 나인봇은 세그웨이의 모방제품으로 출발했으나 2015년 4월 원조였던 세그웨이를 인수해버릴 정도로 성장했다. 나인봇 미니의 출시 가격은 1,999위안으로, 약 35만 원 수준이다. 이렇게 가격의 벽이 무너지면서 퍼스널 모빌리티는 누구나 접근 가능한 장치가 되었다.

초창기에 퍼스널 모빌리티 시장을 견인한 것은 자이로센서가 탑재된 세그웨이나 전동휠 같은 제품이었으나 최근 국내 시장에서는 전동 킥보드가 주를 이룬다. 배우기가 쉽고 외형적으로 사람들에게 보다 친숙하다는 것이 이유다. 한 온라인 쇼핑몰에서 매출이 최근 5년 동안 약 6배나 증가할 정도로 전동 킥보드는 대중적인 퍼스널 모빌리티가 되었다.

기술을 뒷받침할 제도가 필요하다

이처럼 퍼스널 모빌리티 사용자는 빠르게 증가하고 있으나 관련 법률과 제도는 아직도 제자리걸음이다. 현재 국내에서 판매되는 대부분의 퍼스널 모빌리티는 현행법상 자유롭게 이용하기가 어렵다. 바퀴가 두 개인 퍼스널 모빌리티는 '원동기장치 자전거'로 구분된다. 때문에 반드시 자동차 면허나 원동기 면허를 갖춰야 하며, 헬멧을 착용하고 차도에서만 운행해야 한다. 자전거 전용도로나 인도로 다니는 것은 불법이라는 얘기다. 2018년부터 법률이 개정되면서 모터로 페달을 보조하는 전기자전거의 경우 자전거 전용도로를 이용할 수 있지만 전동 킥보드처럼 모터로 움직이는 제품들은 해당되지 않는다.

이러한 제도적인 문제는 안전 문제로 직결된다. 퍼스널 모빌리티는 속도가 빠르지 않기 때문에 도로에서 자동차와 함께 달리면 매우 위험하다. 헬멧이나 보호구 등 운전자에 대한 안전규제도 없기 때문에 사고 시 부상이나 사망 확률도 높다. 실제로 2017년 퍼스널 모빌리티와 관련된 사고로 4명이 숨지고 124명이 다쳤다. 이런 위험성 때문에 많은 사람들이 인도를 이용하지만 이 또한 보행자의 안전에 큰 위협이 된다. 아울러 인도 주행 자체가 불법이기 때문에 사고가 날 경우 운전자가 법적인 보호를 받을 수도 없다.

현재 서울 대기오염의 70%는 자동차 배출가스 때문이며, 출근 시간대의 약 85%가 1인 출근 차량이라고 한다. 도심 주차 및 교통 정체로 인한 사회적인 비용도 만만치 않다. 이러한 교통 및 환경 문제를 해결하기 위한 대안으로써 퍼스널 모빌리티에 대한 관심은 지속적으로 확산될 것이다. 물론 퍼스널 모빌리티가 교통수단이 되기에는 아직 부족한 점이 많다. 퍼스널 모빌리티가 일시적으로 유행하는 장난감으로 사라질 것인지, 미래의 친환경 교통수단으로 확산될 것인지는 결국 기업, 정부, 사용자 모두의 노력에 따라 결정될 것이다. 영화 〈백 투더퓨처2〉에서 설정한 미래는 2015년. 우리는 지금 SF영화보다 오래된 미래를 살아가고 있다.

스마트폰이 전자제품의 개인화를 이끌어냈다면 퍼스널 모빌리티는
이제 이동수단의 개인화를 열어가고 있다.

대중문화로 만나는
교통

추억의 정류장에서 기다리는
시내버스

복고풍 드라마 한 편이 2015년 전국을 들썩이게 만들었다. 바로 tvN의 〈응답하라 1988〉이다. 이 작품은 공중파 못지않은 높은 시청률을 기록하며 많은 사람들을 1988년으로 불러들였다. 무엇보다 특정 연령층에만 국한되지 않고 각 세대별로 골고루 인기를 얻었는데 그 이유는 무엇일까? 〈응답하라 1988〉은 〈응답하라 1994〉에서 단순히 시계만 거꾸로 돌린 것이 아니다. 제작진은 쌍문동 '골목'에서 '가족'과 '이웃'이라는 키워드를 끄집어냈다. 물론 전작에서 이어온 풋풋한 학창시절의 로맨스와 남편 찾기는 여전하지만 가족을 보다 부각시키면서 부모 세대 캐릭터들의 비중이 꽤나 높아졌다. 이것은 자연스럽게 연령이 높은 시청자들의 호응으로 이어졌다.

주거공간이 아파트로 바뀌면서 골목은 점차 사라지고 있다. 서로 마주칠 일이 없으니 이웃 또한 함께 사라진다. 엘리베이터에서 간혹 마주치지만 상대방이 누구인지 어디에 사는지 알지 못한다. 아파

얇팍한 교통인문학

트라는 폐쇄된 공간에서 우리는 수직으로 고립된다. 반면 〈응답하라 1988〉의 캐릭터들은 사방으로 열린 골목에서 끊임없이 서로 마주친다. 비록 경제적으로 풍요롭지는 않았지만 기쁠 때 같이 웃고, 힘들 때 같이 울어주는 이웃들이 있어서 마음은 늘 넉넉한 시절이었다. 물질적으로는 더 나아졌지만 도무지 행복하기 어려운 요즘, 〈응답하라 1988〉은 진짜 행복이 어디에서 오는지 우리에게 알려준다.

가방 주세요!

드라마를 더 감칠맛 나게 만드는 것은 당시의 추억이 담긴 소품들이다. 단순히 집안에 비치된 물건들뿐만 아니라 사람들의 일상생활이나 문화에 대한 묘사도 많은 부분을 차지하는데 거기에는 1980년대의 교통수단도 있다. 특히 4번째 에피소드에서는 아침 등굣길의 시내버스 풍경이 자세하게 그려진다. 남학생들로 가득 찬 버스 안에서 덕선은 몸을 제대로 가누기가 어렵다. 버스가 방향을 바꿀 때마다 함성소리와 함께 민망한 상황이 연출된다. 그런 덕선을 온몸으로 버티면서 지켜내는 정환의 배려가 시청자들을 웃음 짓게 한다. 그밖에도 여러 에피소드에서 시내버스 장면이 등장하는데 드라마 속 버스 장면에서는 늘 "가방 주세요"라는 대사가 빠지지 않는다.

그 시절 시내버스에서는 자리에 앉은 사람이 옆에 선 사람의 가방이나 짐을 들어주기도 했다. 무거운 짐을 잠깐 내려놓으라는 배려의 마음이 버스 안을 훈훈하게 만들었다. 낯선 사람을 무조건 경계하는 요즘에는 이런 모습을 거의 찾아볼 수 없다. 짐을 달라고 했다가는 오히려 이상한 사람처럼 취급 받을 정도다. 비록 에어컨도 없고 불편하기 짝이 없는 만원버스였지만 그 시절의 시내버스는 사람의 온정이 넘치는 공간이었다.

교통카드를 대신했던 토큰과 회수권

한편 선우가 학교 가기 전 버스 회수권을 조심스럽게 자르는 장면도 등장한다. 선우의 비밀작업은 다름 아닌 회수권 10장을 교묘하게 잘라서 11장으로 늘리는 것. 아마 그 시절 청소년기를 보냈던 사람이라면 익숙한 장면일 것이다. 버스 회수권은 당시 학생들이 버스를 탈 때 이용하던 일종의 '할인티켓'이었으며, 일반 성인들의 경우에는 토큰을 구입해 사용했다.

토큰은 승객에게 잔돈을 거슬러줘야 하는 불편함을 줄이고 운전수나 안내양이 요금 가로채는 것을 방지하기 위해 만들어졌다. 1977년 12월 서울에서 처음 도입되었고, 1978년 부산, 1983년 대구에서도 사용되기 시작했다. 토큰 제도를 도입하면서 서울시에서는 버스정류장 인근 상점에서 토큰을 판매하도록 했고, 1979년에는 토큰 자동판매기도 등장했다. 일반용 토큰과 학생용 토큰은 재질과 색깔로 차이를 두었는데, 일반용은 황동으로 만들어 누런색을 띠었고 학생용은 양은으로 만들어 은백색이었다.

그런데 학생들은 한 달 치를 한꺼번에 구입하는 일이 많았고, 가격이 싼 학생용 토큰을 사용하는 어른들도 더러 있었기 때문에 학생용 토큰은 구하기가 어려웠다. 그래서 당시에는 이를 악용해 사재기를 해서 웃돈을 받고 파는 악덕노점상도 있을 정도였다. 이에 정부에서는 1979년 5월부터 학생용 토큰을 없애고 회수권 제도를 시행했다. 대부분의 회수권은 가로 5㎝, 세로 20㎝ 정도의 크기에 10장의 버스표가 인쇄되어 있었고, 드라마에서 묘사된 것처럼 한 장씩 잘라서 사용했다.

변함없는 서민들의 교통수단, 버스

1996년 버스카드가 등장하면서 토큰과 회수권도 점차 역사 속으로 사라졌다. 현재 서울의 시내 버스는 1980년대와 전혀 다른 모습이다. 냉난방은 물론 안내방송을 통해 정류장을 정확하게 알려주며 장애인을 위한 저상버스, 많은 승객을 수송하는 2층버스 등 종류도 다양해졌다. 2006년부터는 정류장에서 모든 버스의 도착 시간을 실시간으로 알려주기 시작했다. 승객들 역시 자신의 스마트폰 앱을 통해서 버스 노선은 물론 도착 시간까지 확인할 수 있게 되었다.

운송 시스템 면에서 가장 달라진 점은 2004년부터 수도권 통합요금제가 실시되었다는 것이다. 이때부터 서로 분리되어 있던 시내버스와 수도권 전철 간의 환승이 가능해졌으며, 서울 시내에는 중앙버스

전용차로가 생기기 시작했다. 탈 때마다 매번 요금을 내던 방식에서 이동한 거리만큼 한꺼번에 요금을 내는 체계로 바뀌면서 승객들의 경제적 부담은 크게 줄어들었다. 또한 중앙버스전용차로는 중앙차로의 사고위험과 일반 도로의 교통정체 등 부작용도 있지만 버스의 이동시간을 크게 단축시키는 데 기여했다. 한편 시내버스 노선체계도 대폭 바뀌어서 운행노선에 따라 광역버스, 간선버스, 지선버스, 순환버스 등으로 구분되었다. 애니메이션 〈꼬마버스 타요〉에 등장하는 빨간색, 파란색, 초록색, 노란색 캐릭터들도 이때 설계도가 만들어진 셈이다.

　겉모습과 시스템은 달라졌지만 버스는 예나 지금이나 여전히 서민들의 중요한 교통수단이다. 수많은 사람들의 사연을 싣고 오늘도 버스는 희망의 정류장을 향해 달려가고 있다.

에어컨도 없고 불편하기 짝이 없는 만원버스였지만
그 시절의 시내버스는 사람의 온정이 넘치는 공간이었다.

　　　　　　　　　　　　　　　얄팍한 교통인문학

택시로 자동차의 편리함을
누리다

2015년 베를린국제영화제 황금곰상은 자파르 파나히 감독의 〈택시〉였다. 이란에서 자국의 인권 문제를 영화로 다루면서 두 번이나 체포됐던 자파르 파나히 감독. 그는 2010년 법정에서 20년 동안 영화 관련 일을 금지한다는 판결을 받았다. 하지만 자파르 파나히 감독은 이란 정부의 압박과 감시에도 불구하고 지속적으로 영화를 제작했다. 2013년 가택 구금 상태에서 만든 〈클로즈드 커튼〉은 베를린국제영화제에서 은곰상, 각본상을 수상하기도 했다. 영화 〈택시〉 또한 정부의 감시를 피해 가며 만든 영화이다.

영화 속에서 감독은 택시기사가 된다. 그는 카메라를 장착한 택시를 몰면서 테헤란 거리의 손님들을 촬영했다. 다큐멘터리 영화처럼 보이지만 사실은 모든 내용이 각본에 의해 만들어진 픽션이다. 다만 승객 역할에 전문 배우들이 아닌 감독의 지인들을 캐스팅하여 다큐멘터리의 리얼리티를 살렸다. 노상강도와 여교사, 불법 DVD를 파는 청년, 영화를 만들겠다는 어린 조카, 샘에 물고기를 놓아줘야 한다는 고집스런 할머니. 픽션과 다큐멘터리의 경계에서 자파르 파나히 감독은 이란의 현실과 그곳을 살아가는 사람들의 삶을 그려낸다. 그가 택시를 영화의 공간으로 선택한 것도 평범한 사람들을 가장 편하게 만날 수 있는 교통수단이기 때문이다.

택시, 요금계산기에서 유래

'택시'라는 용어는 1891년 독일의 빌헬름 브룬(Wilhelm Bruhn)이 발명한 요금계산기 '택시미터(taximeter)'에서 유래했다. 택시미터는 자동차 안에 설치해서 달릴 때마다 금액이 올라가도록 표시하는 기계로써, 바퀴의 회전으로 주행거리를 계산해 요금이 자동으로 기록된다. 우리가 택시를 타고 가다가 길이 막히면 무심코 쳐다보게 되는 바로 그 기계의 원형이다. 따라서 택시는 탑승자를 원하는 목적지까지 태워주고 이동한 거리만큼 요금을 받는 교통수단으로 정의할 수 있다.

택시는 1896년 미국의 '아메리칸 전기자동차회사'에서 시작되었다. 이 회사는 200대의 전기자동차를 만들어 승객 운송수단으로 사용했는데 마차에 비해 조용하고 안락했을 뿐만 아니라 휘발유 냄새도 없어서 사람들에게 큰 인기를 얻었다. 하지만 전기자동차는 당시 기술로 빠른 속도를 내기 어려웠고, 장거리 여행이나 급한 용무가 있을 때는 이용하기 어려웠다. 이런 이유로 독일에서는 일반 가솔린 엔진을

얄팍한 교통인문학

적용한 택시가 등장했고, 보다 빠르게 먼 곳까지 주행할 수 있게 되었다. 오늘날처럼 요금계산기를 부착한 택시는 1905년 영국 런던에서 시작되었는데 앞서 언급한 택시미터를 사용해 이동거리를 측정하여 요금을 계산했다.

렌터카로 시작된 우리나라 택시

우리나라 최초의 택시는 일제강점기인 1912년 '이봉래'라는 서울의 한 부자가 일본인과 함께 포드의 모델T 2대를 도입하고, 시간제로 임대 영업을 한 것이 시초다. 현재와 같은 요금제가 아닌 일종의 렌터카 개념으로, 차량을 빌려주고 시간에 따라 요금을 받았다. 요금은 한 시간에 5원이었는데, 이는 당시 쌀 한 가마니와 맞먹는 가격이라 일반 서민들은 꿈도 꿀 수 없었다.

한편 국내 최초의 택시회사는 1919년 일본인 노무라 겐조가 세운 경성택시회사였으며, 2년 후 '조봉승'이라는 사람이 한국인 최초로 종로택시회사를 설립했다. 택시미터는 장착되지 않았으며, 시간제로 빌려주는 것 이외에도 서울 시내를 한 바퀴 도는 데 3원을 받았다고 한다. 1926년에는 아사히택시회사가 설립되었는데, 이 회사는 요금 문제를 해결하기 위해 외국에서 택시미터기를 들여와 차량에 부착했다. 택시는 해방 이후 정부수립과 한국전쟁을 거치면서 그 수가 크게 늘었다. 이에 정부에서는 차주신고제를 도입하는 한편, 차량운행은 기업을 통해서만 가능하도록 유도했다. 우리나라의 본격적인 영업용 택시는 이 무렵부터 시작되었다고 볼 수 있다.

초창기 택시 중에서 가장 유명한 차종은 '시발택시'였다. 이것은 1950년대 미군 지프차를 개조해서 만든 시발자동차를 영업용 택시로 활용한 것으로, 시발자동차의 성공에도 시발택시가 큰 기여를 했다. 시발자동차는 1955년 10월에 열린 산업박람회에서 대통령상을 수상하면서 일반인들에게 알려졌다. 초기 판매 가격은 8만 환 정도였으나 택시운송회사들이 시발택시에 관심을 가지면서 가격이 크게 올랐고, 모두 500대가 택시로 판매되어 도로를 누볐다.

콜택시에서 카카오택시까지

세단을 이용한 택시운송업은 1962년 일본에서 '새나라자동차'를 수입하면서 시작되었다. 이후 시대별로 국내에 다양한 택시 서비스가 만들어졌다. 1967년에는 영업용 택시가 아닌 개인택시가 등장했으며, 1970년에는 전화를 사용해 승객의 요청에 따라 지정된 장소로 찾아가는 콜택시가 등장했다. 김포공항을 이용하는 승객들의 교통편의를 제공하기 위해 1972년에는 처음으로 공항택시가 생겨났으며, 서울올림픽이 열렸던 1988년에는 중형택시 제도가 도입되었다. 또한 1992년에는 택시를 보다 고급 교통수단으로 정착시키기 위해 모범택시가 등장했다.

요즘 택시업계의 가장 큰 화두는 스마트폰 앱을 이용한 택시 서비스다. 승객이 앱에서 목적지를 입력하면 원하는 장소로 정확하게 택시가 도착한다. 이런 서비스는 손님은 물론 택시기사들도 크게 만족하기 때문에 기존의 콜택시 시장을 빠르게 대체하고 있다. 기술의 발전과 함께 승객과 교통수단을 이어주는 서비스가 앞으로 크게 성장할 것으로 보인다.

먼 훗날 무인자동차가 상용화되고 무인택시가 생긴다면 이러한 중계 서비스 역시 새로운 국면을 맞이하게 될 것이다. 운전자 없이 기계만 있으면 운송서비스가 가능하고, 따라서 비용 또한 획기적으로 줄어들기 때문이다. 언젠가 우리는 운전자 없는 빈 택시에 앉아 스마트폰으로 주행거리를 확인하게 될지도 모르겠다. 택시기사도 택시미터도 없는 무인자동차를 과연 무엇이라고 부르게 될까?

'택시'라는 용어는 우리가 택시를 타고 가다가
길이 막히면 무심코 쳐다보게 되는 기계, '택시미터'에서 유래했다.

낯선 도로 위에
홀로서기

초보운전자가 도로에 처음 나오면 그야말로 '멘붕'에 빠지게 된다. 질주하는 차들 사이에서 끼어들지도 못하고 엉금엉금 직진만 했던 기억을 누구나 갖고 있을 터. 하지만 시간이 흐르고 경험이 차곡차곡 쌓이면 전혀 안보이던 길과 신호들이 비로소 눈에 들어오기 시작한다. 그리고 원하는 목적지까지 웃으며 갈 수 있게 된다. 그런 점에서 운전과 인생은 닮은 점이 많다. 우리는 주행거리가 늘수록 도로의 규칙과 흐름을 조금씩 알게 되고, 다른 차들과 함께 달리는 방법을 알게 된다. 가끔은 목적지까지 돌아서 가야 할 때도 있고, 우연히 더 빠른 길을 발견하기도 한다.

운전면허는 수많은 돌발 상황으로 가득한 길 위에서 홀로 나아갈 수 있음을 증명하는 과정이다. 가끔은 생각한다. 우리 삶에도 이런 면허증 하나쯤은 필요하지 않을까? 2014년 제작된 영화 〈인생면허시험〉은 운전을 인생의 은유로 해석한 작품이다. 뉴욕에 사는 문학평론가 웬디는 7년마다 외도를 반복하던 남편이 마침내 이혼을 요구하면서 오랜 결혼생활의 위기를 맞게 된다. 답답한 마음에 멀리 시골에 있는 딸을 만나고 싶지만 그럴 수도 없다. 그동안 운전은 늘 남편의 몫이었기 때문이다.

평생 남편에게만 의지한 채 살아온 자신을 자책하던 중 그녀는 택시운전수 다르완에게 운전교습을 받기로 결심한다. 다르완은 운전을 처음 배우는 웬디에게 이렇게 조언한다. "운전은 자유를 선사하죠. 사람들의 돌발행동에 침착하고 여유롭게 대처하는 법을 배워야 해요. 운전할 때도 실생활에서도!" 다르완은 운전을 능숙하게 하는 것과 삶을 능숙하게 살아가는 것이 다르지 않다고 말한다. 웬디는 그의 조언대로 운전대를 잡고 도로에 나서면서 진정한 홀로서기를 시작한다.

인생의 도로를 달리는 법

삶의 도로는 수많은 위험으로 가득하다. 가난, 질병, 사고, 재난 같은 물리적인 위험만 있는 건 아니다. 겉으로 보이지 않는 위험도 많다. 하고 싶은 것을 이루지 못해 좌절하고, 타인과 어울리지 못해 외로워하며, 누군가 무심코 던진 말에 상처를 입기도 한다. 의학과 기술의 발전 덕분에 예전보다 외부의 위험은 크게 줄었으나 마음에서 비롯되는 내부의 위험은 오히려 더 커졌다. 도로의 풍경이 예전과 달라졌기 때문이다.

길은 아스팔트로 잘 포장되어 있고, 더 빠른 속도로 달릴 수 있다. 하지만 경쟁이 치열해지면서 사람들은 남보다 빨리 목적지에 도착하기 위해 가속페달을 밟는다. 그럴수록 목적지는 더 멀어진다. 사고가 나서 부상을 입거나 지쳐서 도로 밖으로 사라지기도 한다. 끝까지 완주하는 방법은 달리는 것 자체에서 의미를 발견하고 기쁨을 느끼는 것이다.

우리는 가정과 학교에서 기초 교육을 받은 다음 인생이라는 도로에 던져진다. 누구나 '인생면허시험'을 치르는 셈이다. 이 시험도 운전면허시험처럼 공정하고 까다롭게 진행되어야 한다. 삶의 도로는 자동차 도로보다 훨씬 많은 변수가 있고, 정확한 판단과 현명한 대처가 필요한 탓이다. 체계적인 교육도 중요하다. 누구에게 어떤 교육을 받느냐에 따라 이후 삶의 방향과 가치관도 크게 달라진다. 무엇보다 혼자서 능숙하게 달리려면 직접 부딪치며 많은 경험을 쌓아야 한다. 면허증 하나 땄다고 해서 누구나 베스트 드라이버가 되는 것은 아니니까.

세계 각국의 운전면허 제도

자동차는 본인은 물론 타인의 생명까지 빼앗을 수 있다. 그래서 대부분의 국가에서 운전면허제도만큼은 매우 까다롭게 운영하는 편이다. 충분하게 교육을 받고 어느 정도 경험을 쌓아야 도로에 나올 수 있도록 제도적 장치를 마련해 둔 것이다. 하지만 우리나라의 운전면허제도는 국민 편의 확대를 명목으로 지난 2010년과 2011년 두 차례에 걸쳐 간소화되었고, 결과적으로 한국은 세계에서 가장 면허 취득이 쉬운 나라가 되어버렸다.

그렇다면 다른 나라의 운전면허제도는 어떨까? 가까운 일본의 경우만 하더라도 운전면허시험이 매우 까다로운 편이다. 먼저 응시 전 자동차 교습소에 등록한 후 학과 10시간, 교습소 내 주행 15시간을 의무적으로 이수해야 한다. 이후 가면허 시험을 치르게 되는데 학과시험과 코스 주행시험에 모두 합격하면 비로소 도로주행을 할 수 있다. 도로주행 시험 전에도 다시 학과 16시간, 도로주행 19시간을 이수해야 하며, 시험까지 모두 통과하면 졸업 증명서를 받게 된다. 그런데도 아직 끝이 아니다. 증명서 발급 이후 마지막 학과시험에 합격해야 비로소 면허증이 발급된다. 이처럼 운전면허 취득에 많은 시간이 걸리고, 까다롭기 때문에 일본의 자동차 교습소에서는 합숙까지 이뤄진다고 한다.

아우토반(Autobahn)으로 유명한 독일 역시 운전면허 취득이 어려운 국가다. 특히 독일에서는 8시간에 걸친 응급처치 교육을 이수해야 하며, 이론시험 역시 난해하기로 유명하다. 공부를 제대로 하지 않으면 절대 합격할 수 없도록 문제를 구성하고, 오답이 3개만 나와도 불합격이다. 자동차의 내부 구조에 대한 테스트도 있다. 최소 12차례 90분간 도로주행을 수행해야 하며, 여기에는 고속도로 주행과 야간 주행까지 포함된다.

한편 눈이 자주 내리는 핀란드에서는 미끄럼 상황에 대처하는 능력까지 평가한다. 첫 테스트는 젖은 도로에서 급브레이크를 밟고 시간 내에 자세를 바로 잡는 것이며, 그밖에도 드리프트, 스핀 등 거의 전문가 수준의 드라이빙 테크닉을 요구한다. 합격한 사람에게는 임시면허가 발급되며 2년간 두 번 이상의 법규위반이 없어야 정식면허를 발급해준다.

난이도 조절보다 체계적인 교육시스템이 필요하다

운전면허 간소화 정책이 시행된 이후, 운전면허 취득이 너무 쉬워서 교통사고가 증가한다는 여론이 들끓었다. 실제로 경찰청 자료에 따르면 면허 취득 1년 미만 운전자의 교통사고 건수가 2011년 7,400여 건에서 간소화 이후인 2012년 9,200여 건으로 24.5% 증가하기도 했다. 이처럼 국내 운전면허시험 난이도에 대한 비판이 꾸준히 제기되면서 2016년 12월부터는 운전면허시험의 난이도가 다소 상승하기도 했다.

기존 장내 기능시험의 경우 직선주로 50m를 주행하면서 조작능력, 차로준수, 급정지 등을 평가했다. 하지만 개정된 면허시험에서는 300m를 주행하면서 좌우회전, 교차로 통과, 경사로 출발, 가속, 직각주차 등 보다 많은 항목을 평가하도록 변경되었다. 또한 학과시험에는 보복운전 금지, 긴급자동차 양보의무 등 개정된 도로교통법 내용이 반영되었으며, 문제은행 문항 수도 730문항에서 1,000문항으로 늘어났다.

　이렇듯 난이도가 조정되었으나 여전히 다른 국가의 면허제도에 비하면 쉽다는 느낌을 지울 수 없다. 무엇보다 도로의 다양한 돌발 상황에 적응할 수 있는 도로주행 시간이 부족하다. 여론에 떠밀려서 보여주기 식의 난이도 조절에 그칠 것이 아니라 도로 위에서 안전하게 운전할 수 있도록 도와주는 체계적인 교육 시스템이 갖춰져야 할 것이다. 물론 이것은 우리들의 인생면허에도 똑같이 적용되는 얘기다.

운전면허는
수많은 돌발 상황으로 가득한 길 위에서 홀로 나아갈 수 있음을 증명하는 과정이다.
우리 삶에도 이런 면허증 하나쯤은 필요하지 않을까?

컴퓨터 게임으로 만나는
교통수단들

무언가를 타고 이동하는 것은 현실 세계뿐만 아니라 가상세계에도 존재한다. 게임 속 세상에서는 클릭 한 번으로 순간이동이 가능하지만 그럼에도 개발자들은 그 안에 다양한 이동수단을 넣어둔다. 무엇인가를 타고 이동하는 과정 역시 게임이 주는 즐거움 중 하나이기 때문이다. 컴퓨터 게임은 처음 탄생했을 때부터 현실의 세계를 가상공간에 담아내고자 했다. 최초의 게임은 1958년 윌리엄 히긴보덤(William A. Higinbotham)이 만든 〈2인용 테니스〉였는데, 이것은 두 사람이 공을 주고받는 일종의 스포츠 게임이었다. 이후 게임 산업이 성장하는 과정에서 현실의 다양한 스포츠나 놀이가 전자적인 형태로 재현되었다. 물론 그중에는 자동차 경주도 빼놓을 수 없다.

자동차를 운전하는 레이싱 게임 장르는 꽤 오랜 역사를 가지고 있다. 1976년 개발된 아타리의 〈나이트 드라이버〉는 운전자의 시점에서

야간에 진행되는 최초의 레이싱 게임이었다. 굳이 야간 운전을 표방한 것은 당시 그래픽 기술의 한계로 인해 검은색 배경만 사용할 수 있었기 때문이다. 컴퓨터 기술이 발전하면서 레이싱 게임 역시 실제 자동차와 가까워졌다. 〈그란투리스모〉 시리즈는 현실의 자동차 운전을 사실적으로 재현한 대표적인 레이싱 게임이다. 전용 휠과 가속페달 등을 연결하면 보다 실감나게 자동차 경주를 즐길 수 있다.

하지만 레이싱 게임이라고 해서 모두 트랙에서 속도만 다투는 것은 아니다. 게임의 목적과 자동차의 종류에 따라 다양한 운전을 경험할 수 있다. 〈유로트럭 시뮬레이터〉 시리즈는 트럭을 운전해 화물을 운송하고 돈을 버는 게임이다. 획득한 자금으로 상점에서 차량을 구입하거나 정비소에서 차량을 업그레이드할 수 있으며 여분의 트럭에 운전기사를 고용하여 더 많은 수익을 올릴 수 있다. 화물을 배송하면서 유럽 전역의 풍경을 구경하는 것은 덤이다. 설정을 살짝 바꿔서 국내 라디오 방송을 재생시키면 제대로 화물트럭 느낌을 낼 수 있다. 게임이라고 해서 멋대로 운전하면 곤란하다. 배송을 하다가 교통법규 위반을 하거나 다른 차량과 충돌하면 벌금행이다. 돈이 부족하면 게임오버!

육·해·공을 아우르는 게임 속 교통

자동차 이외에도 선박, 기차, 항공기 등을 소재로 한 게임도 많다. 〈대항해시대〉는 유럽의 신항로 개척시대를 배경으로 한다. 플레이어는 전 세계 주요 항구를 오가면서 무역을 통해 부를 축적하게 된다. 자금이 모이면 더 좋은 배를 구입하거나 더 많은 물품을 구입할 수 있다. 이렇게 해서 명성이 높아지면 국왕을 알현하고 칙령을 수행하게 된다. 바다에는 해적들이 있기 때문에 해상전투에 대한 준비도 소홀히 해서는 안 된다. 이 게임을 통해 바다의 매력과 공포를 동시에 느낄 수 있을 것이다.

〈트레인 시뮬레이터〉에서는 기관차를 운전해서 전 세계의 주요 철도노선을 경험할 수 있다. 다양한 노선을 다운로드해서 추가할 수 있으며, 튜토리얼 모드에서는 각 노선별 역의 개업 시기와 특징 등을 상세하게 알려준다. 심지어 폐역 기록까지 알려줄 정도로 데이터가 치밀하다.

이와 비슷한 〈전차로 GO〉 시리즈는 일본의 모든 전철 구간을 운전해볼 수 있는 게임이다. 전용 컨트롤러 역시 실제 조종석과 유사하게 구현되어 있다. 전철을 조작하는 것뿐만 아니라 배차시간까지 정확하게 지켜야 하기에 꽤 난이도가 있는 편이다. 출퇴근 시간에 전철 배차 시간을 맞추는 것이 얼마나 어려운 일인지를 간접적으로 체험해볼 수 있다.

한편 항공기를 조종하는 게임으로는 〈플라이트 시뮬레이터〉 시리즈가 유명하다. 화면을 가득 채운 계기판 스위치를 보면 파일럿들의 고충을 조금이나마 이해할 수 있을지 모른다.

게임으로 도시의 교통문제를 해결하다

게임으로 도시의 교통시스템을 직접 디자인하고 문제를 해결할 수도 있다. 〈심시티〉는 도시를 경영하는 시뮬레이션 게임인데, 도로를 효율적으로 건설하는 것이 도시발전에 중요한 영향을 미친다. 게임 속에서 도로가 차량뿐만 아니라 물, 전기, 하수의 이동 경로 역할을 하는 탓이다. 또한 도로를 건설해야 그에 맞추어 건물이나 다른 시설들을 지을 수 있기 때문에 계획적인 도로건설이 필수다. 도로의 종류와 특징에 따라 건설비용이 다르며, 도로의 폭과 거리 등에 맞춰 디자인해야 효과적인 교통시스템 구축이 가능하다.

당연한 얘기지만 현실처럼 〈심시티〉에서도 도로가 좁으면 교통체증이 발생한다. 인구가 늘어날수록 교통체증은 더 심해지는데, 이는 소방차, 청소차, 화물차 등 여러 차량들의 흐름을 방해하여 도시에 악영향을 미친다. 살기 좋은 도시를 만들고 싶다면 교통문제부터 해결하는 것이 우선이다. 플레이어는 적당한 지점에 유턴도로를 추가하거나 고속도로 합류지점의 차선을 확장하는 등 여러 방법으로 교통체증을 완화시킬 수 있다. 차를 타면서 길이 막히는 이유가 궁금하다면 〈심시티〉를 플레이해 보자.

온라인 게임의 다양한 이동수단

온라인 게임은 지속적인 업데이트를 통해서 게임 세계를 확장해 나간다. 드넓은 게임 세계를 걸어서만 이동하면 너무 많은 시간이 소요될 터. 그래서 게임 디자이너들은 넓은 공간을 보다 빠르게 이동할 수 있도록 여러 교통수단을 준비해놓는다. 블리자드의 온라인게임 〈월드오브워크래프트〉는 교통수단이 게임을 얼마나 흥미롭게 만들 수 있는지 보여준다.

일정 레벨에 도달하면 플레이어는 각 종족에 맞는 다양한 탈것을 소환해 자유롭게 이용할 수 있다. 하지만 먼 거리를 더 빠르게 이동하려면 각 마을에 있는 대중교통을 활용하는 것이 편리하다. 요금을 지불하면 잘 조련된 그리폰이나 와이번을 타고 굉장히 빠른 속도로 이동할 수 있다. 하늘을 날면서 여유롭게 지상의 풍경을 감상하는 것은 게임의 또 다른 재미다. 더 먼 거리를 이동하기 위해서는 비행선을 이용하거나 항구에서 배를 타야 한다. 심지어 게임에는 주요 대도시를 연결하는 지하철도 있다.

물론 이런 모든 과정을 생략하고 간단하게 캐릭터를 이동시킬 수도 있을 것이다. 포털이나 텔레포트 기능을 활용하면 클릭 한 번으로 원하는 위치까지 갈 수 있다. 〈월드오브워크래프트〉에서도 '귀환석'을 사용하면 설정된 장소까지 순식간에 이동한다. 훨씬 간편하고 빠른 방법이다. 하지만 이 경우 이동을 하면서 보고 느끼는 과정은 사라져 버린다. 조금 시간이 걸리더라도 무언가를 타고 이동하는 과정 자체가 게이머에게 더 큰 재미를 줄 수도 있다. 현실의 교통수단이 단순히 목적지까지 이동하기 위해서만 존재하는 것이 아니듯 말이다.

같은 장소에 가더라도 어떤 마음으로 어떤 탈것을 선택하느냐에 따라 완전히 다른 경험이 펼쳐진다. 여기, 여행을 떠난 두 사람이 있다. 한 사람은 기차에 오르자마자 계속 잠만 자다가 목적지에서 도착해 주섬주섬 짐을 챙겨서 내린다. 출발할 때의 기억과 도착할 때의 기억만 있으니 마치 게임처럼 순간이동을 한 셈이다. 그는 목적지에 빨리 도착하는 것에만 관심이 있다. 아마도 예정된 일정을 끝낸 뒤 다시 같은 방법으로 되돌아갈 것이다. 다른 한 사람은 자전거를 타고 국도를 달린다. 땀, 거친 호흡, 햇볕, 바람 그리고 여러 풍경들이 기억에 새겨진다. 힘들고 오랜 시간이 걸리지만 상관없다. 그에게는 그 이동 과정도 소중한 여행의 일부이니까. 우리는 종종 목적을 위해 과정을 생략하거나 희생시킨다. 하지만 그렇게 사라진 순간들도 모두 내 삶을 완성하는 조각들이다. 행복한 사람은 모든 순간을 자신의 삶으로 끌어안는다. 무엇 하나 빛나지 않는 것은 없으니까.

게임 개발자들은 그 안에 다양한 이동수단을 넣어둔다.
무엇인가를 타고 이동하는 과정 역시 게임이 주는 즐거움 중 하나이기 때문이다.

세상의 모든 모터사이클과
라이더에게

라이더들은 자신의 모터사이클을 '말'이라는 생명체에 비유한다. 안장 위에 앉아서 핸들을 잡고 달리는 느낌이 마치 고삐를 잡고 말을 타는 것과 비슷하기 때문이다. 실제로 오랜 시간 함께하다 보면 모터사이클이 생명체 같다는 생각이 든다. 자동차와 달리 모터사이클은 운전자와 엔진의 거리가 무척 가깝다. 다리 사이에서 엔진이 뿜어내는 열기, 진동, 소리가 운전자에게 그대로 전달된다. 냉각방식이 바람인지 물인지, 실린더 수가 2개인지 4개인지에 따라 그 감각은 천차만별. 1단 기어를 넣고 왼손의 클러치를 놓으면서 오른손으로 손잡이를 천천히 감으면 묵직한 쇳덩이가 지면을 박차고 달리기 시작한다. 기계와 운전자가 한 몸이 되어 조작하는 모든 과정이 마치 살아 있는 생명체를 다루는 것과 같다.

물론 모터사이클은 자동차보다는 불편하다. 추위나 더위를 피할 방법이 없고, 장시간 달리면 온몸이 아프다. 동승자를 태우거나 짐을 싣는 것도 한계가 있다. 말썽이라도 부리면 트럭을 부르거나 직접 수리점까지 끌고 가야 한다. 허나 이런 불편함을 몇 년 겪다보면 거친 생명체는 어느새 편안한 친구가 된다. 그리고 함께했던 시간은 멋진 추억이 된다. 만화 『마이 페이버리트 바이크』에는 다양한 모터사이클에 얽힌 사연들이 엔진시동을 걸고 독자들을 기다리고 있다.

커브로 시작해 커브로 끝난다

작가는 한 에피소드에 하나의 차종을 등장시킨다. 치밀한 자료조사와 모터사이클에 대한 작가의 애정이 이 작품을 달리게 하는 힘이다. 첫 번째 에피소드의 소재는 혼다 슈퍼커브. 커브 시리즈는 우리나라에서 '배달 오토바이'의 대명사로 알려진 씨티100의 조상쯤 되는 모델로, 1958년 발매된 이래 전 세계적으로 1억 대 이상 판매된 베스트셀러 모델이다. 뛰어난 연비와 저렴한 가격, 튼튼한 내구성 등으로 남녀노소 누구나 즐겁고 편하게 탈 수 있다. 만화의 첫 에피소드에 커브를 등장시킨 것은 그만큼 모터사이클 역사에서 상징적인 모델이라는 증거다.

면허를 따면 모터사이클을 주겠다는 친척 형의 말을 듣고 멀리 미야자키에 간 주인공. 당연히 할리데이비슨처럼 크고 멋진 것을 받을 거라 생각했지만 형이 준 것은 낡고 오래된 슈퍼커브였다. 주인공은 이 작고 초라한 바이크가 못마땅하다. 싫든 좋든 슈퍼커브를 타고 미야자키에서 집까지 300㎞를 되돌아가야 하는 상황. 한밤중에 산을 넘다 연료가 바닥나고 비까지 내리자 주인공은 짜증을 내며 바이크를 버리고 도망간다. 하지만 자꾸 자신이 버린 슈퍼커브가 눈에 밟힌다.

돌이켜보니 인생에서 늘 이런 식이었다. 조금만 힘들면 포기하거나 도피해버렸다. 지금껏 뭐하나 제대로 해낸 적이 없다는 사실을 깨닫고 그는 다시 슈퍼커브에게 돌아간다. 온갖 고생 끝에 집에 도착한 주인공은 "이 자그마한 바이크가 이상하게도 근사하게 여겨졌다"고 읊조린다. 비록 낡았지만 무사히 여행을 마칠 수 있도록 멋지게 달려줬기 때문이다. 주인공이 여행 중에 만난 아저씨는 이렇게 말했다. "커브로 시작해 커브로 끝난다." 모터사이클을 처음 배울 때도, 백발이 되어 다시 모터사이클을 탈 때도, 그곳에는 늘 커브가 기다리고 있다.

다양한 모터사이클에 얽힌 따뜻한 이야기

그 외에도 각 에피소드에는 모터사이클과 인생의 다양한 스펙트럼이 담겨 있다. 헤어진 여자 친구를 만나기 위해 모터사이클 여행을 떠나는 청년, 죽은 아버지가 남긴 구식 모터사이클을 1년 동안 고쳐가면서 점차 아버지의 마음을 이해하는 아들, 면허를 취득하고 처음으로 도로에 나온 여성 라이더 등 모터사이클과 인연을 맺은 수많은 사람들이 저마다 인생의 길 위를 달린다.

모터사이클은 실용과 낭만, 그 사이의 어디쯤에 위치한다. 도심에서 빠르게 이동하기에 최적화되어 있지만 자연을 느끼며 느긋하게 여행하기에 모터사이클만큼 좋은 것도 없다. 굳이 용도를 구분 지을 필요는 없다. 도심에서 느긋하게 탈 수도 있고, 교외에서 빠르게 달릴 수도 있다. 그렇게 모터사이클은 일상과 모험의 경계를 민첩하게 넘나든다. 자칫 지루할 수 있는 출퇴근길도 멋진 모험으로 만드는 것. 그것이 모터사이클의 진정한 매력이다.

또한 모터사이클은 라이더와 함께 성장하는 존재이기도 하다. 처음 모터사이클에 오르면 누구나 두려움을 느낀다. 능숙하게 타려면 적지 않은 훈련과 경험이 필요하며, 익숙해졌다고 해도 타는 과정이 순탄한 것만은 아니다. 라이더는 온몸으로 균형을 잡으면서 앞으로 나아간다. 때로는 비바람에 맞서야 하고, 혹시라도 넘어졌을 때는 직접 무거운 쇳덩어리를 일으켜 세워야 한다. 자연 앞에서 겸손해지는 자세도 필요하며, 가끔은 멈추고 쉬어갈 수 있는 여유도 배워야 한다. 그저 모터사이클을 타고 달리는 것만으로도 큰 성취감을 느끼는 것은 이런 다양한 의미들이 정교한 부품처럼 서로 맞물려 작동하기 때문이다.

그래서 모터사이클은 종종 모험과 성장의 상징으로 사용된다. 체 게바라(Che Guevara)가 모터사이클을 타고 남미를 여행하면서 혁명가로 성장하는 이야기는 '모터사이클 다이어리'라는 이름으로 우리에게 잘 알려져 있다. 『마이 페이버리트 바이크』의 등장인물들에게 모터사이클은 단순한 이동수단이 아니라 모험과 성장의 추억을 간직한 물건이다. 그것을 타고 달렸던 모든 길의 흔적이 기계 곳곳에 묻어 있다.

그래서일까? 사람들은 오랜 시간 함께한 모터사이클을 쉽게 버리지 못한다. 모든 존재는 자신이 달린 거리만큼 아름다워진다.

함께 만드는 이륜차 문화를 위해

그냥 앉기만 하면 알아서 모터사이클이 움직이는 건 아니다. 안전하게 운전하기 위해서는 어느 정도 실력도 있어야 한다. 머신을 능숙하게 컨트롤할 수 있는 능력은 기본. 여기에 위기상황에서 침착하게 대처하는 능력, 모터사이클에 대한 지식과 간단한 정비기술. 자신의 실력을 과신하지 않는 겸손함 등 모든 조건을 만족시켰을 때 비로소 모터사이클은 자신의 고삐를 허락한다.

사람들은 모터사이클을 맹목적으로 위험하다고만 이야기한다. 하지만 대부분의 사고는 운전하는 사람의 자만과 방심에서 비롯된다. 준비된 자에게 모터사이클은 인생 최고의 경험을 선물해준다. 넓은 시야에 들어오는 풍경, 온몸으로 맞는 바람, 무거운 기계를 컨트롤하고 있다는 자신감, 누군가와 함께 달리는 행복 같은 것을 말이다.

아울러 이륜차는 도심의 교통문제를 해결할 수 있는 대안이라고 생각한다. 모터사이클 이용자가 증가하면 도로 정체가 크게 줄어들고, 대중교통 수요도 분산될 것이다. 저배기량 모터사이클이나 스쿠터는 경제성도 훌륭하다. 평균연비는 리터당 30㎞ 이상이며, 주차비 걱정도 적다. 하지만 여러 장점에도 불구하고 우리나라의 이륜차 정책과 인프라는 크게 부족한 실정이다. 모터사이클을 운전하기 위해서는 많은 지식과 경험이 필요하지만 현재 국내의 이륜차 면허체계에서는 그런 것을 제대로 익히기가 어렵다.

우리나라는 OECD 국가 중 이륜차가 자동차 전용도로를 이용할 수 없는 유일한 곳이기도 하다. 도심에서 이륜차 전용 주차장도 찾아보기 어렵다. 경제적이고 효율적인 교통수단임에도 정책과 편견 때문에 이륜차 문화가 확산되지 못하는 것은 안타까운 일이다. 물론 제도나 환경을 탓하기에 앞서 이륜차 운전자들의 성숙한 의식도 필요하다. 특히 자신의 생명을 보호하는 안전장비는 필수다. 교통법규도 제대로 지켜야 하며, 자동차 운전자와 모터사이클 운전자가 서로를 배려하는 마음도 필요하다. 안전하게 운전할 수 있는 환경만 갖춰진다면 이륜차는 빠르고 효율적인 교통수단으로써 사람들의 삶을 더욱 풍요롭게 만들어줄 것이다.

모터사이클은 인생 최고의 경험을 선물해준다.
넓은 시야에 들어오는 풍경, 온몸으로 맞는 바람,
무거운 기계를 컨트롤 하고 있다는 자신감 같은 것을 말이다.

비극 속에서 완성된
사랑

1912년 4월 15일 밤 12시 15분. 영국을 떠나 미국으로 향하던 타이타닉호가 조난신호를 보내기 시작했다. '신도 침몰시킬 수 없는 배'라고 불리던 초대형 여객선이 첫 출항에서 침몰하고 만 것이다. 1,500여 명이 사망한 이 사건은 20세기 최악의 해난 사고로 기록되었다. 출항 이후 며칠간은 순조로운 항해가 이어졌다. 영화 〈타이타닉〉의 초반부에 묘사된 것처럼 수많은 사람들이 배 위에서 아름다운 추억을 만들었을 것이다.

타이타닉호 침몰의 직접적인 원인은 빙하였다. 침몰 당일, 주변 선박으로부터 수차례 빙하에 대한 경고가 있었다. 대부분의 승무원들은 그 계절의 항해에서 흔히 있는 일이라며 대수롭지 않게 생각했다. 하지만 어두운 밤에 육안으로 빙산을 발견하기란 대단히 어려웠다. 더 큰 문제는 항해를 책임진 선장의 지나친 자신감이었다. 그는 화요일로 예정된 도착시간에 맞추기 위해 배를 전속력으로 운행했다. 함께

얄팍한 교통인문학

승선한 타이타닉의 선주가 배의 성능을 과시하기 위해 지시했다는 증언도 있다.

어쨌든 갑판 선원이 뒤늦게 거대한 빙하를 발견했지만 사고를 막기에는 역부족이었다. 조타수가 키를 최대한 돌리고 기관실에서도 배의 속도를 늦추기 위해 노력했으나 배의 회전반경이 워낙 크고 빙산과의 거리가 가까운 탓에 결국 충돌하고 말았다. 완전 침몰까지 걸린 시간은 불과 2시간 남짓. 이렇게 당대 최고의 호화 여객선은 인간의 자만심과 부주의로 한순간에 침몰하고 말았다.

전 세계가 기억하는 러브 스토리

침몰 이후 타이타닉호는 오랫동안 대서양 바닥에 잠들어 있었다. 그리고 1985년 마침내 내셔널지오그래픽의 해양탐험가 밥 발라드(Bob Ballard)에 의해 그 실체가 드러났다. 영화 〈타이타닉〉은 이 실제 발굴 상황을 조금 비틀었다. 보물 사냥꾼이 잠수함을 타고 타이타닉호의 보물을 찾다가 우연히 한 장의 누드 크로키를 발견한다는 설정이다. 그는 그림의 실제 모델을 찾아가 타이타닉호에서 벌어졌던 옛 이야기를 듣게 된다. 이렇게 제임스 카메론 감독은 타이타닉호 침몰이라는 역사적 사실에 허구를 자연스럽게 조합하여 한 편의 멋진 러브 스토리를 만들어냈다.

누드 크로키의 주인공은 타이타닉호의 생존자 로즈 부인. 그녀는 젊은 시절 어머니의 강요로 재벌 귀족 약혼자와 함께 미국으로 향하는 타이타닉호 1등실에 승선한다. 같은 시간, 부두의 선술집에서 도박으로 3등실 티켓을 얻은 가난한 화가 잭 또한 배에 오른다. 항해 도중 잭은 갑판에서 바다로 몸을 던지려 하는 로즈를 발견하고 그녀의 생명을 구한다. 이후 두 사람은 신분을 뛰어 넘어 서로를 사랑하게 되지만 결국 타이타닉호는 침몰하게 되고 잭은 로즈를 구하면서 목숨을 잃는다. 비록 잭은 죽었지만 살아남은 로즈는 그의 사랑을 평생 간직하면서 살아가게 된다.

타이타닉호는 어떤 모습이었을까?

타이타닉호는 당시 첨단 기술이 동원된 초대형 선박이었다. 비록 첫 항해에서 침몰해버렸지만 적어도 설계 과정에서는 안전에 꽤 많은 노력을 기울였다. 방수구획을 도입한 것도 안전조치 중 하나였다. 선체는 방수 격벽에 의해 16개 구획으로 구분되었고 일부가 침수되더라도 침몰하지 않는 구조였다. 뿐만 아니라 격벽은 제어실의 원격 조작으로 즉시 폐쇄가 가능했다.

이런 방수대책 덕분에 타이타닉호는 당시 '불침선'이라는 별명까지 얻었으며, 실제로 설계상의 구조는 지금 기준으로도 꽤 안전한 편이라고 한다. 그러나 갑판 아래 선체가 모두 연결되어 있어서 다량의 해수가 유입될 경우 도미노처럼 다른 구획까지 차례로 침수될 수 있는 구조였다.

　한편 객실 내부는 영화에서 묘사된 것처럼 호화로움 그 자체였다. 타이타닉호에는 28개의 특등실과 스위트룸이 있었는데 1등석 승객들은 르네상스풍 객실에 벽난로까지 있는 방을 선택할 수 있었다. 승객들은 최대 500명이 한꺼번에 앉을 수 있는 대형식당에 모여 식사를 하고, 배 안에 마련된 카페에서 술잔을 기울였다. 제임스 카메론 감독은 실제 타이타닉호의 장식품을 만들었던 업체에 소품을 주문하는 등 고증에 힘을 기울였고, 덕분에 당시 화려한 선상 생활을 사실적으로 표현할 수 있었다.

타이타닉호 침몰 이후

타이타닉호 침몰 사건은 해상교통안전에 대한 경각심을 일깨워주었다. 이 사건을 계기로 선박 항해의 안전사항을 규정하는 최초의 해상인명안전협약(SOLAS)이 탄생한 것이다. 이 협약은 1914년 런던국제회의에서 처음 채택되었으며, 몇 차례 개정을 거쳐 현재까지 적용되고 있다. SOLAS에서는 선박 손상 시에도 안전성이 확보되도록 복원성을 규정하고 있으며 방화, 화재탐지, 소화, 구명설비, 구명정, 무선설비, 기상경보, 항해장비의 설치, 위험물운송기준 등 선박안전을 위한 모든 것을 망라하고 있다.

　같은 해 '국제 빙산 패트롤(International Ice Patrol, IIP)' 역시 결성되

었다. 미국 해안경비대를 주축으로 결성된 이 국제기구는 매년 2월부터 8월까지 대서양 지역을 떠도는 빙산으로부터 선박을 보호하기 위해 정기적으로 정찰비행을 실시한다. 정찰기가 보내온 각종 데이터로 빙산이 어디로 이동할지 판단한 다음 인근을 지나는 선박들에게 알리는 방식이다.

반복되는 해양사고

2014년 세월호 참사는 여러 면에서 타이타닉호의 비극을 떠올리게 한다. 정확한 사고원인은 아직 밝혀지지 않았으나 선박회사의 과실과 해경의 무능한 대처가 이 사고를 최악의 재난사고로 만들었다는 것은 분명하다. 세월호는 더 많은 사람을 태우기 위해 개조되었고, 사고 당일 유속이 빠른 위험지역에서 무리하게 과속 운행을 했다. 적재량에 비해 너무 많은 화물을 실었는데, 그마저도 제대로 결박하지 않았다. 더 큰 문제는 사고 이후의 구조작업이었다. 침몰 직후 선장과 승무원들은 승객들을 내버려둔 채 자신들만 먼저 탈출해 버렸다. 해경은 골든타임에 구조작업을 제대로 수행하지 않았으며, 정부는 각종 의혹들을 은폐하기에 급급했다. 결국 수많은 원인들이 서로 뒤엉키며 세월호를 침몰시킨 것이다.

하지만 이런 큰 사고 이후에도 국내 해양사고는 줄어들지 않았다. 한국해양수산개발원 자료에 따르면 2014년 1,330건이던 해양사고는 2015년 2,101건, 2016년 2,307건, 2017년 2,582건으로 꾸준히 증가했다. 선박사고로 인한 사망이나 실종 또한 2015년 100명, 2016년 118명, 2017년 145명으로 집계되었다. 해양 레저 증가와 같은 다른 요인도 있었지만 '안전불감증'이 여전히 큰 요소로 작용했다. 2017년 12월, 15명이 숨진 인천 영흥도 낚싯배 전복 사고는 급유선의 전방주의 의무 소홀과 낚싯배의 지나친 경쟁이 빚은 인재였다. 2018년 4월, 전남 신안에서 발생한 화물선과 어선 간의 충돌 사고 역시 마찬가지였다. SOLAS가 만들어진지 100년이 지났지만 인간은 여전히 같은 실수를 반복하고 있다.

타이타닉호는 당시 첨단 기술이 동원된 초대형 선박이었다.

인류의 마지막
희망열차

인류 멸망을 그린 디스토피아 스토리는 꽤 오래 전부터 존재했었다. 구약성경의 '노아의 방주' 이야기가 대표적이다. 영화 〈설국열차〉에서는 대재난의 탈것으로서 대홍수의 방주 대신 빙하기의 열차를 선택했다. 여러 객차가 연결된 열차는 직선의 공간이다. 달리기 시작하면 이 공간은 외부 세계와 단절된다. 모든 칸은 연결되어 있지만 다른 칸에서 무슨 일이 일어나는지는 알 수 없다. 이런 열차의 공간적 특성은 이야기에 묘한 긴장감을 준다. 열차가 추리 소설의 무대로 자주 활용되는 것은 이런 이유 때문이 아닐까? 영화 〈설국열차〉는 열차라는 폐쇄적인 공간을 최대한 활용해 밀도 높은 긴장과 충돌을 만들어낸다.

봉준호 감독은 자신의 작품에 대해 이렇게 말했다. "비좁은 일직선의 기차에는, 우회로가 없습니다. 앞으로 전진하기 위해서는 그저 돌파해야만 합니다. 몸과 몸이 부딪히고 피와 땀이 뒤엉킵니다. 거기서 뿜어져 나오는 무시무시한 에너지와 영화적인 쾌감을 표현하고 싶었습니다." 그의 말처럼 〈설국열차〉는 열차의 공간적 특징을 극대화한 작품이다. 이곳은 좁고 긴 공간이며, 끝에서 끝으로 이동하기 위해서는 중간에 있는 모든 객차를 지나야만 한다. 우회로가 없는 상태에서 거대한 쇳덩어리는 지상의 마지막 생존자들을 태운 채 질주한다. 만약 이곳에서 생존자들 사이에 충돌이 발생한다면 어떤 일이 벌어질까? 〈설국열차〉는 이런 질문에서 출발해 관객들을 의외의 종착역으로 안내한다.

마지막 생존자들의 계급투쟁

기상 이변으로 모든 것이 얼어붙은 지구. 살아남은 사람들을 태운 열차 한 대가 끝없이 궤도를 달린다. 이 열차는 인류의 마지막 생존지역이다. 얼어붙기 전의 지구가 그러했듯이 열차 속 세상도 결코 평등하지 않다. 열차에는 칸칸마다 다양한 시설들이 있지만 크게 앞쪽과 뒤쪽으로 구분된다. 꼬리 칸은 춥고 배고픈 하층민들로 가득하다. 이들은 단백질 블록을 배급받아 근근이 살아간다. 반면 앞 칸에는 선택된 몇몇 사람들이 호화로운 생활을 누리고 있다. 열차가 달리기 시작한 지 17년. 꼬리 칸의 젊은 지도자 커티스는 오랫동안 준비해온 혁명을 실행에 옮긴다. 열차의 심장인 엔진을 장악해 꼬리 칸을 해방시키기 위해서다.

엔진룸을 장악하기 위해 가장 먼저 열차의 보안설계자 남궁민수를 구출한다. 구출된 남궁민수는 문 하나를 열 때마다 크로놀 한 개를 받는 조건으로 길을 열어준다. 커티스의 목표는 꼬리 칸 사람들을 해방시키는 것이지만 남궁민수의 목표는 열차에서 탈출하는 것이다. 혁명에 성공해 자유를 얻는다고 해도 그것은 열차 안에서 누리는 제한된 자유에 불과하기 때문이다. "이 바깥으로 나가는 문들 말이야. 워낙 18년째 꽁꽁 얼어붙은 채로 있다 보니까 이게 이젠 무슨 벽처럼 생각하게 됐는데 사실은 저것도 문이란 말이지." 결국 남궁민수가 열고자 하는 마지막 문은 엔진룸으로 가는 문이 아니라 바깥세상으로 나가는 문이다.

자본주의 세계에 대한 풍자

원래 봉준호 감독의 영화에는 각 장면마다 많은 상징이 담겨 있고, 해석의 여지도 많은 편이다. 〈살인의 추억〉은 연쇄살인사건을 통해 1980년대 우리 사회의 비틀린 모습을 보여주었고, 〈괴물〉 역시 괴수영화이지만 다양한 풍자를 담고 있다. 이런 봉준호 감독의 퍼즐은 〈설국열차〉에도 군데군데 흩어져 있다. 영화는 자본주의 세계에 대한 풍자로 가득하다. 인류의 마지막 생존구역에서조차 비행기 좌석처럼 계급이 나뉘고 부자와 빈민이 다른 공간에서 다른 삶을 살아간다. 엔진이 멈추면 모두가 죽는다는 설정도 끝없이 달리면서 제 몸집을 불려

나가는 자본주의 '성장 엔진'을 닮았다.

　지배계급은 엔진이 멈추면 모두가 죽는다고 피지배계급을 협박한다. 그리고 살아남기 위해서는 자신의 자리를 지키라고 회유한다. 과연 그럴까? 엔진을 지키기 위한 다수의 희생 속에서 이익을 누리는 것은 소수에 불과하다. 그들은 열차가 멈추더라도 그 바깥에 또 다른 세계가 있다는 사실을 감춘다. 갖은 수단을 동원해 사람들의 눈과 귀를 막는다. 사실 혁명을 통해 열차의 앞자리를 차지한다고 해도 열차의 구조 자체가 바뀌지는 않는다. 진짜 혁명은 열차 안에서 자리를 바꾸는 것이 아니라 열차의 문을 부수고 바깥으로 나아가는 것, 당연하다고 생각했던 구조 자체를 부수는 것이다.

정해진 궤도를 달리는 열차

영화의 무대가 되는 곳은 '윌포드'라는 기차광의 집념이 구현된 일종의 크루즈 열차다. 혹한의 극지방에서 열사의 아프리카까지 1년에 한 번 전 지구를 순환한다는 설정이다. 그런 점에서 열차는 1년을 주기로 공전하는 지구의 축소판이기도 하다. 지구와 열차가 정해진 궤도에서 벗어나지 않듯이 그곳에서 살아가는 인간들도 정해진 궤도를 벗어나는 법이 없다.

　철도 교통의 장점은 '안전'과 '신뢰'다. 열차는 정해진 시간에 목적지까지 안전하게 이동할 수 있다. 〈설국열차〉는 철도의 이런 특성을 변하지 않는 현실에 대입시켰다. 영화 속 열차는 정해진 레일 위를 달리면서 매년 언제나 똑같은 시간에 동일한 풍경을 통과한다. 이것은 하나의 궤도에 고착된 세계를 의미한다. 17년 동안 꼬리 칸 사람들이 같은 공간에서 같은 생활을 반복하는 것도 이런 상징의 궤도선상에 있다.

정해진 열차의 궤도는 안전을 보장한다. 그리고 인간은 그런 예측 가능한 삶에 안도감을 느낀다. 〈설국열차〉의 생존자들은 '생존'을 위해 누군가 만들어 놓은 궤도를 반복해서 달린다. 하지만 때로 인간은 새로운 환경에 도전하면서 스스로 자신의 삶을 개척하기도 한다. 모든 것이 얼어붙은 차가운 세계에 던져지더라도.

정해진 열차의 궤도는 안전을 보장한다.
그리고 인간은 그런 예측 가능한 삶에 안도감을 느낀다.

알팍한 교통인문학

길과 인생 그리고
로드무비

영화에 관심 있는 사람이라면 한번 쯤 '로드무비(road movie)'라는 말을 들어보았을 것이다. 로드무비는 어디론가 떠나는 등장인물들이 길 위에서 겪게 되는 다양한 이야기를 다룬다. 때문에 주로 장소의 이동을 따라 서사가 전개되며, 여행이나 도주 등이 이야기의 중심 플롯으로 흔히 사용된다. 로드무비의 주인공들은 다양한 이유로 여행을 떠난다. 그리고 그 과정에서 누군가를 만나 무언가를 깨닫고 변화를 경험한다. 자동차, 모터사이클 등 다양한 탈것에 몸을 싣고 자유를 찾아 떠나는 인물들을 통해 관객은 인생의 의미를 다시 한 번 생각하게 된다. 그런 점에서 길은 가장 보편적인 삶의 은유라고 할 수 있다.

로드무비의 기원은 과거 1960~1970년대 뉴웨이브 시절의 영화들로 거슬러 올라간다. 이 무렵 몇몇 작품들은 '길'의 서사를 적극적으로 활용했는데 대표작으로는 아서 펜의 〈우리에게 내일은 없다〉, 데니스

호퍼의 〈이지 라이더〉 등이 있다. 당시 로드무비는 대체로 시대 분위기와 관련이 있다. 즉 기성세대가 정해 놓은 틀 속에서 방황하는 젊은 청년들이 새 삶을 찾아가는 과정으로 '길'을 제시한 것이다. 이후 로드무비는 하나의 장르로써 끊임없이 재생산되었으며, 1990년대 리들리 스콧의 〈델마와 루이스〉, 토마스 얀의 〈노킹 온 헤븐스 도어〉 등이 큰 성공을 거두면서 로드무비의 새로운 장을 열었다.

자유를 향한 두 여인의 질주

로드무비를 논할 때 빠지지 않고 등장하는 작품이 바로 〈델마와 루이스〉다. 예전이나 지금이나 여성들은 억압받고 소외된 존재들이다. 감독은 두 여성의 여정을 통해 자유에 대한 열망을 표현했다. 로드무비 스타일에 페미니즘 사상을 결합한 이 작품은 아름답고 유쾌한 영상으로 감동을 전한다.

남편에게 아이 취급을 받으며 외출도 마음대로 하지 못하는 주부 델마와 독신 생활을 즐기는 웨이트리스 루이스가 함께 여행을 떠난다. 그러나 여행 도중 뜻밖의 사고가 발생한다. 델마가 술집 주차장에서 성폭행당할 상황에서 루이스가 권총으로 남자를 살해한 것. 세상 사람들이 자신들의 말을 듣지 않을 거라 생각한 두 사람은 멕시코로 도망가기로 결심한다. 그리고 강도 행각을 벌여 돈과 음식을 마련하며 여행을 이어나간다. 비록 범죄를 저지르긴 했지만 두 사람은 도주 과정에서 세상과 부딪히며 전혀 다른 삶을 경험하게 된다. 특히 순종적인 여성으로 지내던 델마는 능동적인 여성으로 성장한다.

결국 델마와 루이스는 그랜드 캐니언의 절벽에서 경찰과 대치하게 된다. 경찰은 두 사람을 회유하지만 그들은 가던 길을 되돌아가지 않고 그랜드 캐니언의 절벽 너머를 향해 힘차게 가속페달을 밟는다. 영화는 델마와 루이스가 손을 맞잡은 채 자동차가 하늘로 날아오른 상태로 마무리된다.

자동차는 이 영화에서 매우 중요한 소품이다. 당시 시나리오 작가는 한 인터뷰에서 "할리우드 영화의 여성 캐릭터가 수동적인 이유는 직접 차를 운전하지 않기 때문"이라고 말한 바 있다. 자동차를 직접 운전하기 때문에 델마와 루이스는 여행을 떠나는 것은 물론, 자신들의 목적지를 결정하고, 마지막 순간을 스스로 선택할 수 있었다.

영화는 비극을 암시하며 끝나지만 사람들은 이 작품을 희망으로 기억한다. 두 사람은 세상에 맞서며 전진했고, 그 과정에서 자신들이 원했던 삶을 발견했기 때문이다. 그런 점에서 〈델마와 루이스〉는 비극을 통해 희망을 보여주는 진정한 로드무비라고 할 수 있다.

죽음을 앞둔 두 사내의 여행

〈노킹 온 헤븐스 도어〉 역시 1990년대를 대표하는 로드무비의 명작이다. 주인공 마틴과 루디는 시한부인생을 선고받았다. 한 명은 뇌종

양, 다른 한 명은 골수암. 죽기 전 마지막으로 바다를 보기 위해 마틴과 루디는 마피아의 차를 훔쳐 타고 여행을 떠난다. 법, 도덕, 자본, 그 모든 금기와 제약에서 벗어나 죽기 전에 하고 싶은 단 한 가지를 위해 떠나는 여행이다. 사람들은 자신이 진정으로 원하는 것을 포기한 채 살아가기도 한다. 하지만 죽음 앞에서는 용기를 낼 수 있다. 어차피 죽어서 영원히 사라진다면 마지막 순간만큼은 타인이 아닌 자신이 원하는 삶을 살아가고 싶기 때문일 것이다. 그래서 인간은 죽음 앞에서 가장 솔직해지고 자유로워진다.

두 남자의 여정을 함께 따라가다 보면 관객의 눈앞에는 어느새 광활한 바다가 펼쳐진다. 그리고 이 영화의 백미라고 할 수 있는 엔딩 장면이 비로소 시작된다. 카메라는 육지, 바다, 하늘을 하나의 앵글로 절묘하게 그려낸다. 길 한가운데 서서 바다를 바라보는 두 남자의 뒷모습. 그리고 이 장엄한 풍경 사이로 밥 딜런의 명곡 〈Knockin' on Heaven's Door〉가 잔잔하게 울려 퍼진다. 바다를 바라보는 두 사람의 표정에는 어떤 슬픔도 느껴지지 않는다. 이들은 자신의 의지로 바다에 왔고, 자유를 얻었다. 마틴은 데킬라를 마시고 담배를 피운 뒤 그대로 모래사장에 쓰러진다. 그리고 천천히 올라가는 엔딩 크레디트. 결국 두 사람에게 바다는 '천국을 가는 문'이었다.

길 위에서 만나는 특별한 인생

로드무비는 기존 관습에 저항하고 도전하는 인물들을 통해서 인생의 단면을 드러낸다. 길을 걷다 보면 우리는 매 순간 다른 풍경을 마주하게 된다. 가끔 쉬어갈 수는 있지만 길이라는 것은 어쨌거나 멈추지 않고 계속 나아가야만 하는 공간이며, 그 끝에는 자신의 목적지가 기다리고 있다. 결국 로드무비에서 '길'은 의미가 고정된 공간이 아니라 늘 변화하는 공간이며, 나아가 인물의 내면을 변화시키는 공간으로 활용된다. 우리는 자동차를 타고 매일 비슷한 길을 달린다. 그리고 반복되는 일상 속에서 지치곤 한다. 하지만 늘 똑같은 길 위에서 자신만의 의미를 찾아낼 수 있다면, 그 평범한 삶도 멋진 한 편의 로드무비가 될 것이다.

가끔 쉬어갈 수는 있지만
길이라는 것은 어쨌거나 멈추지 않고 계속 나아가야만 하는 공간이며,
그 끝에는 자신의 목적지가 기다리고 있다.

우주를 여행하는
소년의 성장기

　　　　　　　　　　"기차가 어둠을 헤치고 은하수를 건
너면 우주정거장에 햇볕이 쏟아지네…."

　40대 '아재'라면 가수 김국환이 부른 이 노래가 가슴에 별처럼 박
혀 있을 것이다. 1980년대 초에 TV로 방영되면서 대한민국 아이들에
게 우주여행의 꿈을 심어준 애니메이션 〈은하철도999〉. 이 작품은 제
목에서 알 수 있듯이 '철도'를 소재로 삼았다. 소년이 우주를 잇는 은
하철도에 탑승해 은하계의 여러 행성들을 여행하는 것이 중심 테마이
며, 미야자와 겐지의 동화 〈은하철도의 밤〉에서 모티브를 얻었다고
한다. 하지만 몽환적인 분위기의 원작과 달리 〈은하철도999〉는 전체
적으로 매우 어둡고 비판적인 분위기를 자아낸다.

　주인공 철이와 메텔이 방문하는 각 행성의 주민들은 대부분 소외된
인간들이다. 그들은 가난하고, 권력자인 기계인간들에게 지배당하고
있으며, 몸과 마음이 병들어 있다. 비참한 현실에서 탈출하기 위해 그

들은 은하철도의 탑승권을 노린다. 주인공 철이 역시 마찬가지다. 그는 죽은 엄마를 대신해 기계인간이 되고자 999호에 탑승한다. 따라서 '은하철도999'는 단순한 이동수단이 아니라 희망으로 향하는 상징과도 같다. 그렇다면 그 종착역에서 철이를 기다리는 것은 과연 무엇일까?

기차, 소년의 성장을 함께하다

〈은하철도999〉에는 에피소드마다 여러 행성이 등장한다. 주인공 철이는 각 행성에서 다양한 사람들을 만나며 성장해 간다. 그리고 여행 과정에서 기계인간이 되고자 하는 자신의 욕망이 옳은 것인지 되묻게 된다. 이 작품에서 기계인간들은 대부분 부정적으로 묘사된다. 그들은 무한한 삶을 살아가며, 그 공허함을 채우기 위해 쾌락에 집착하거나 타인을 억압한다. 반대로 유한한 삶을 사는 인간들은 자신들의 삶을 더 나은 방향으로 바꾸기 위해 노력한다. 철이는 행성에 정차할 때마다 그들을 도와주면서 기계인간에 대한 회의감을 느끼게 되고 결국 마지막 안드로메다 행성에서 인간의 삶을 선택한다. 긴 여행을 통해 앞으로 어떻게 살아가야 할지 깨달음을 얻은 것이다.

이러한 여행 과정에 '철도'라는 소재를 활용한 것은 우연일까? 사실 열차는 우주를 여행하기에는 비효율적이다. 지상의 레일을 달리기 위해 디자인되었기 때문에 우주공간에서 군이 기차의 형태를 고집할 이유가 없다. 그럼에도 불구하고 '철도'라는 소재가 사용된 것은 그것이 '소년의 여행과 성장'이라는 주제를 가장 잘 드러내기 때문이다. 한꺼번에 많은 사람을 수송하던 철도는 오래 전부터 장거리를 저렴하게 이동할 수 있는 교통수단이었다. 내려야 할 역만 기억하고 있으면 어린 아이라도 혼자서 목적지까지 갈 수 있다. 또한 기차가 역마다 정차하면서 수많은 사람들이 타고 내린다. 철도 여행 중에는 필연적으로 많은 사람들을 만나고 새로운 풍경을 접하게 된다. '은하철도999' 역시 우주 공간을 달리면서 여러 행성에 '정차'한다. 그곳에서 철이는 낯선 타인들을 만나 깨달음을 얻고, 다시 새로운 곳을 향해 떠난다. 즉 〈은하철도999〉에서 기차는 성장의 공간이며, 여행의 의미를 증폭시키는 데 기여한다.

증기기관차는 사라지지 않는다

〈은하철도999〉에서 999호는 우주를 여행하는 열차임에도 그 형태가 19세기 증기기관차를 닮았다. 과학이 발달한 먼 미래에도 철도교통의 초기 모습이 그대로 보존되고 있다는 것은 꽤 흥미로운 지점이다. 물론 이것은 애니메이션에서 기차의 전형적인 특징을 부각시키기 위한 장치다. 오랜 세월이 흘러 이제는 현실에서 찾아볼 수 없지만 그럼에도 증기기관차는 여전히 깨지지 않는 기차의 '스테레오타입'이다. 전기로 움직이는 KTX가 시속 300㎞로 질주하는 시대에도 사람들은 기차를 생각할 때 증기기관차를 떠올린다. 심지어 평생 동안 증기기관차를 본 적이 없는 세대들도 말이다. 이것은 우리가 기차를 그 자체로 소비하기보다는 이야기를 통해 소비하기 때문이다. 그리고 그 이야기를 통해 기차는 특별한 탈것이 된다.

시간이 흘러 옛 모습을 잃어버렸음에도 종종 사람들은 과거의 형상으로 그 대상을 기억한다. 예컨대 요즘 아이들은 스마트폰의 '통화' 기능 아이콘이 옛 다이얼 전화기의 '수화기' 모양인 것을 이해하지 못한다. 아이들이 알고 있는 현실의 전화기는 스마트폰이며, 그것은 사각형이기 때문이다. 문자 메시지 아이콘이 '편지봉투' 모양인 것도 마찬가지다. 이제는 리모콘 버튼으로 채널을 변경하는데도 우리는 채널을 '돌린다'고 표현한다. 다이얼을 돌리던 아날로그 TV의 흔적이 아직 우리 무의식에 남아 있는 것이다. 아마도 이런 집단의 기억은 잊혀지지 않고 다음 세대로 이어질 것이다. 고속열차로 여행을 떠나면서 부모들은 아이들에게 '칙칙폭폭'이라며 기차를 소개할 것이다. 그리고 아이들은 기차놀이를 할 때 '칙칙폭폭'을 외칠 것이다. 아주 먼 미래에 우주를 횡단하는 '은하철도'가 등장하더라도 증기기관차는 사라지지 않을 것이 분명하다. 물질은 짧고 이야기는 길다.

<은하철도999>와 철도교통의 미래

철도교통은 짧은 시간 동안 엄청난 규모로 성장했다. 독일의 한 철도

통계 전문기관에서는 전 세계 철도 시장 규모가 2014년 200조 원을 넘었고, 2018년에는 230조 원에 이를 것으로 전망하였다. 이미 선진 국에서는 철도가 가지고 있는 친환경적인 측면에 주목하고 있다. 하지만 우리나라 철도산업은 국내 발주 및 외국 OEM에 의존하고 있으며, 차량 분야 점유율 또한 미미한 수준이다. 과거 자동차나 조선 산업이 한국 경제를 이끄는 핵심 산업으로 성장했던 것을 고려하면, 철도 산업 역시 미래를 위한 투자가 필요한 시점이다.

〈은하철도999〉는 미래 철도교통의 방향성에 대한 힌트를 준다. 속도나 실용성만 따지면 기차보다 빠르고 효율적인 것들이 많다. 철도의 진정한 가치는 산업시대를 대표하는 운송수단으로써 레일 위에 새겼던 낭만과 추억이다. 〈은하철도999〉에서 이미 사라진 증기기관차를 차용한 것은 그것이 기차의 원형이자 그 가치를 가장 선명하게 담고 있기 때문일 것이다.

철도의 진정한 가치는 산업시대를 대표하는 운송수단으로서
레일 위에 새겼던 낭만과 추억이다.

꿈을 향해 달리는
고속열차

어린 시절, 간절히 소원을 빌어본 적이 있는가? 소원을 빈다는 것은 일종의 주술적인 행위이며, 그렇기 때문에 특별한 장소나 도구 같은 것이 필요하다. 추석에 보름달을 보며 소원을 비는 것도 완전히 차오른 달에 무언가 신성한 힘이 깃들어 있다고 믿기 때문이다. 영화 〈진짜로 일어날지도 몰라 기적〉에서는 소원을 들어주는 특별한 도구로써 신칸센 고속철도를 설정했다.

주인공은 가고시마의 사쿠라지마 화산 근처 외가댁에 사는 코이치라는 소년이다. 코이치는 이곳에서 엄마와 함께 살고 있으며, 아빠와 남동생 류노스케는 멀리 후쿠오카에 따로 떨어져 살고 있다. 부모가 별거 중이기 때문이다. 코이치의 소원은 예전처럼 온 가족이 함께 모여 사는 것. 어느 날 코이치는 멀리 화산을 바라보면서 엉뚱한 생각에 잠긴다. 만약 화산이 폭발해 모든 사람이 도시를 떠나야 한다면 혹시라도 가족과 함께 살 수 있지 않을까 하고 말이다.

코이치는 새로 개통되는 신칸센에서 두 대의 열차가 처음으로 스쳐 지나갈 때 소원을 빌면 뭐든 이루어진다는 얘기를 듣게 된다. 그래서 돈을 모아 친구들과 함께 신칸센이 교차하는 쿠마모토 지역으로 여행을 떠난다. 후쿠오카에 사는 동생 류노스케 역시 그 이야기를 듣고 쿠마모토에서 형을 만나 함께 소원을 빌기로 한다. 두 대의 고속열차가 처음으로 만나는 지점에서 과연 어린 형제는 어떤 소원을 빌게 될까?

세계 최초의 고속철도

이 영화의 소재가 된 신칸센은 일본의 고속철도를 부르는 명칭이다. 일본은 1964년 10월 세계 최초로 고속철도를 상용화했다. 동경올림픽에 맞춰 개통된 도카이도 신칸센은 도쿄–나고야–오사카를 잇는 일본 철도의 핵심 노선으로, 전쟁 이후 경제부흥에 성공한 일본을 전 세계에 알린 신호탄이었다. 지금도 신칸센은 일본을 대표하는 상징물 중 하나다. 헬로키티로 유명한 산리오에서는 신칸센을 캐릭터 상품으로 제작하였으며, 할리우드 영화에도 신칸센이 배경으로 자주 등장한다. 영화 〈인셉션〉의 첫 시퀀스에서 주인공 일행이 꿈속으로 잠입했던 곳 역시 신칸센이었다.

일본의 신칸센은 최초 개통된 도카이도 신칸센 이외에도 여러 노선이 존재하는데, 영화 〈진짜로 일어날지도 몰라 기적〉은 2011년 3월 12일 개통된 큐슈 신칸센을 배경으로 하고 있다. 개통 당일 두 대의 신칸센이 처음으로 만나는 곳에서 기적이 이루어진다는 것을 믿고 주인공 코이치는 쿠마모토로 향한다. 영화에서는 쿠마모토에 도착한 아이들이 신칸센을 보기 위해 높은 곳을 찾는 장면이 등장하는데, 이는 일본의 신칸센이 안전을 위해 외부에서 선로로 접근할 수 없도록 설계되었기 때문이다.

항공기와 경쟁하는 고속철도

국제철도연맹의 정의에 따르면 고속철도는 개량된 기존 레일에서 시속 200㎞ 이상, 새로 건설된 고속전용 레일에서 시속 250㎞ 이상으로 운행할 수 있는 철도를 의미한다. 하지만 단순히 열차의 성능이 좋다고 해서 고속철도가 될 수 있는 것은 아니다. 고속철도는 빠르게 달릴 수 있는 열차는 물론, 그 열차를 안전하고 원활하게 운행시킬 수 있는 철도 인프라와 신호체계 등을 모두 아우르는 개념이라고 할 수 있다.

한때 빠른 속도의 상징처럼 여겨졌던 철도교통은 자동차와 항공기 발전과 함께 점차 그 경쟁력을 잃어가고 있었다. 하지만 고속철도는 자동차보다 빠른 속도와 비행기보다 편리한 접근성으로 철도교통의 새로운 전성기를 열었다. 실제로 고속철도가 개통된 이후 해당 노선의 국내선 항공기 이용객이 크게 줄어든 것을 확인할 수 있다. 동일한 구간을 놓고 두 교통수단이 서로 경쟁하기 때문이다.

단순히 이동하는 시간으로 비교하면 비행기가 고속철도보다 훨씬 빠르다. 하지만 비행기가 이륙하는 공항은 대체로 도심에서 멀리 떨어져 있으며, 보안검색 등 탑승하는 데 많은 시간이 소요된다. 그래서 보통 700~900㎞ 내외의 거리를 이동할 때에는 고속철도가 비행기보다 빠르고 편리한 교통수단이 되며, 일본 철도업계에서는 이를 '4시간의 벽'이라고 부르기도 한다. 4시간 이내의 거리는 고속열차가, 4시간 이상의 거리는 비행기가 유리하다는 의미다. 하지만 훗날 고속열차 기술이 발전하면 이 벽이 무너질 가능성도 배제할 수 없다.

소중한 일상을 빠르게 잇다

현재 전 세계에 운행 중인 고속철도는 크게 네 가지 계열이 있는데, 프랑스가 개발한 TGV 계열, 독일이 개발한 ICE 계열, 일본이 개발한 신칸센 계열, 스페인이 개발한 TALGO 계열이 그것이다. 우리나라의 KTX는 프랑스에서 도입한 TGV 계열에 속한다.

국내에서 고속철도 도입이 논의되기 시작한 것은 1980년대부터다. 빠른 경제성장과 함께 철도교통이 포화상태에 이르자 정부는 1989년 경부고속철도 건설을 결정하고, 1992년 기공식을 가졌다. 그러나 고속철도 공사는 열차 방식 결정, 도입 국가 선정, 외환위기 등 많은 문제에 부딪혔다. 결국 원래 공사예정 기간이었던 6년을 훨씬 넘겨 12년 동안 공사를 진행한 끝에 2004년 서울―대전 구간이 개통되었다. 이후 KTX 노선은 지속적으로 확대되어 2018년 현재 서울―부산은 물론 서울—목포, 서울—강릉 구간까지 확대되었다.

KTX는 전국을 반나절 생활권으로 묶으면서 사람들의 생활패턴을 바꿔놓았다. 하루 안에 서울과 부산을 오갈 수 있게 되면서 당일 출장이나 관광이 가능하게 되었고, 이에 따라 지방에서 대규모 국제행사나 이벤트를 원활하게 개최할 수 있게 되었다. 서울—강릉 구간 KTX는 2018년 평창동계올림픽의 성공적인 개최를 견인하기도 했다.

영화 〈진짜로 일어날지도 몰라 기적〉이 우리에게 평범한 일상의 기적을 보여준 것처럼 고속철도는 소중한 일상을 보다 빠르게 이어주면서 또 다른 기적을 만들어가고 있다.

고속철도는 자동차보다 빠른 속도와 비행기보다 편리한 접근성으로
철도교통의 새로운 전성기를 열었다.

지하철에서 발견한
서울의 풍경

최근 공연계에서 뮤지컬 분야의 상
승세가 두드러진다. 문체부의 '2017 공연예술실태조사'에 따르면 2016
년 국내 공연시장 전체의 티켓 판매 수익은 3,650억 원으로 조사되었
으며, 이중에서 뮤지컬 분야의 수익이 1,916억 원으로 전체의 약 52%
를 차지했다. 뮤지컬이 국내 공연계를 이끄는 핵심 콘텐츠라고 해도
과언이 아니다. 국내 뮤지컬 산업 성장의 도화선이 된 작품은 2001년
상연된 〈오페라의 유령〉이다. 이 작품의 성공 이후 해외 흥행작들이
대거 국내 무대에 진출했고, 관람객의 수도 급증하기 시작했다.

하지만 이런 초대형 뮤지컬의 흥행 이전부터 소극장을 통해 오랫
동안 관객들의 사랑을 받아온 작품이 있다. 바로 김민기 학전 대표가
연출한 뮤지컬 〈지하철 1호선〉이다. 이 작품은 독일 연극 〈1호선〉을
한국 실정에 맞게 각색한 것으로, 애인을 찾아 서울에 온 연변 처녀
가 복부인, 접대부, 가짜 대학생 등 다양한 인물을 만나면서 겪는 이

야기를 다룬다. 지난 1994년 처음 대학로 무대에 선보인 이래 15년간 4,000회의 공연이 이뤄졌으며, 누적 관객 수는 71만 명에 이른다.

독일 작품을 원작으로 했지만 철저하게 한국적인 상황으로 바꾸었고, 각 시대 분위기에 맞춰 내용을 각색한 것도 성공의 비결이었다. 때문에 〈지하철 1호선〉은 우리 이웃들의 현실을 리얼하게 그려낸 작품으로 평가받고 있으며, 2011년에는 서울역사박물관에서 배우들의 무대 의상과 소도구 등을 모아 특별전을 열기도 했다. 한편 이 작품은 유명 배우들이 신인 시절 연기의 기본기를 익히던 무대이기도 했다. 설경구, 조승우, 황정민 등 유명 배우들이 모두 이 무대를 거쳐 갔다.

지하철 혹은 서울의 자화상

〈지하철 1호선〉은 백두산으로 관광을 왔던 한국 남자 '제비'를 찾기 위해 서울로 온 연변처녀 '선녀'가 서울역과 청량리역을 오가는 지하철 1호선에서 다양한 사람들을 만나며 겪는 이야기이다.

이른 아침 제비가 건네준 주소와 사진만 갖고 서울역에 도착한 선녀. 한국으로 돌아오기 전날 제비는 자신을 찾고 싶으면 청량리 588로 오라는 말을 남겼다. 그래서 청량리로 가는 열차에 탄 선녀는 그 안에서 588의 포주인 혼혈아 '철수', 노래를 부르는 운동권 출신 대학생 '안경', 일수를 다니는 큰손 '빨강바지', 청량리 노점상들의 정신적 지주 '곰보할매', 사랑에 빠진 창녀 '걸레' 등을 만나 도움을 받으며 제비를 찾는다. 그리고 철수가 제비를 만나게 해주겠다며 서울역에 있는 곰보할매의 포장마차에 가있으라고 하자, 선녀는 다시 서울역으로 돌아가는 지하철 1호선을 탄다.

열차에서 선녀가 만난 서울 사람들은 일상에 쫓겨 무표정하고 냉담하지만 정이 많은 내면적인 모습을 그려내며 IMF 시절 한국 사회의 모습을 고스란히 담아냈다. 하지만 선녀는 곰보할매의 포장마차에서 제비와 함께 백두산에 왔던 빨강바지에게 제비의 실체를 전해듣고 절망하며 연변으로 돌아간다. 이처럼 〈지하철 1호선〉은 선녀의 눈을 통해 가난하고 삶의 풍파에 찌든 인물들을 보여주면서 서울, 나아가 한국 사회의 현실을 그려냈다.

지하철 1호선의 역사

각 나라에서 처음으로 건설되는 지하철 1호선은 대개 도심의 가장 핵심적인 곳을 통과한다. 때문에 도시의 가장 역동적인 모습을 보여주는 곳이기도 하다. 우리나라의 지하철 1호선 역시 마찬가지다. 시청, 종로를 지나 청량리로 향하는 이 구간은 서민들의 소박한 모습을 가장 잘 느낄 수 있는 공간이다. 지하철 1호선은 1974년 8월 개통된 우리나라 최초의 지하철 노선이다. 개통 당시 역은 서울역, 시청, 종각, 종로3가, 종로5가, 동대문, 동묘앞, 신설동, 제기동, 청량리 이렇게 10곳이었고, 기본 구간 요금은 30원이었다.

서울에 지하철의 필요성이 논의되기 시작한 것은 1960년대 후반부터다. 수도권 인구밀집과 차량증가로 교통체증이 심각해지자 서울시는 1968년 지상으로 다니던 전차를 없앴다. 도시노동자들의 가장 중요한 교통수단이 사라져버린 것이다. 이에 전차를 대체하는 교통수단으로 지하철 건설이 추진되었다. 1호선은 1971년 착공해 3년 4개월 만에 완공되었으며, 총 330억 원의 비용이 투입되었다. 서울역에서 청량리까지 7.8㎞ 거리를 약 18분 만에 주파했는데 당시로서는 획기적인 일이었다.

원래 서울 지하철 1호선 구간은 지하2복선을 염두에 두고 있었다. 하지만 1호선 개통식 당일 영부인이 살해당하는 초유의 사태가 벌어졌고, 이 일로 서울시장이 경질되면서 1호선의 지하2복선 계획은 백지로 돌아갔다. 현재 지하철 1호선은 수도권의 국철 노선까지 포함하여 총 길이 200㎞에 달하는 우리나라에서 가장 긴 지하철 노선이다. 또한 1호선과 2호선이 만나는 신도림역은 유동 승객이 가장 많은 지하철역으로 유명하다.

〈지하철 1호선〉에서 선녀가 만났던 서울 사람들은 아직도 지하철 곳곳에서 언제든 만날 수 있다. 세월이 흘러 겉모습과 생각은 바뀌었지만 살아가는 모습은 크게 다르지 않다. 사람들은 여전히 바쁘고 고단하며 삶의 여러 정거장을 힘겹게 통과하는 중이다. 그런 도시의 노동자들에게 지하철은 집과 일터를 오가는 이동수단이자 잠시 쉬어가는 휴식 공간이다. 지하철에서 스마트폰에만 집중하는 사람들의 모습

이 너무 삭막하다고 말한다. 하지만 그것은 삭막한 도시에서 우리가
그나마 누릴 수 있는 작은 휴식일지도 모른다.

〈지하철 1호선〉에서 선녀가 만났던 서울 사람들은
아직도 지하철 곳곳에서 언제든 만날 수 있다.

두 천재 레이서의
명승부

　　　　　　　　　4개의 광폭 타이어가 뜨거운 아스팔트를 움켜쥐면서 무섭게 회전한다. 자동차가 시속 350㎞로 질주할 때 앞바퀴에 걸리는 무게는 무려 1.6톤. 이론적으로는 천장에서 거꾸로 달려도 떨어지지 않을 정도다. 같은 시간, 운전석의 온도는 55도까지 치솟는다. 선수가 경기를 한 번 치르고 나면 땀으로 2리터 정도의 수분을 배출한다. 커브를 돌 때 선수들이 받는 관성력은 자기 몸무게의 4.5배. 이 모든 것이 포뮬러 원(F1) 경기 도중 일어나는 일상적인 일들이다. 올림픽, 월드컵과 함께 세계 3대 스포츠로 불리는 최고의 모터스포츠인 F1은 전 세계 150여 개국에 중계되어 40억 명 이상의 인구가 시청하는 빅 이벤트이다. 그리고 자동차 제조사들의 자존심 대결이 펼쳐지는 곳이자 세계에서 가장 빠른 레이서를 가리는 승부의 장이기도 하다.

　　만약 F1 레이싱의 세계를 경험하고 싶다면 영화 〈러시: 더 라이벌〉이 제격이다. 이 영화는 실화를 각색한 작품으로 시간적 배경은 F1 역사상 가장 드라마틱한 승부를 보여준 1976년 월드 챔피언십이다. 도대체 그해 F1에서는 어떤 일이 있었던 걸까?

1976년의 F1

1976년 F1에는 두 명의 천재 레이서가 있었다. 타고난 천재 제임스 헌트와 노력파 천재 니키 라우다가 그 주인공이다. 두 사람은 매 경기마다 라이벌로 부딪히며 접전을 벌인다. 영화에서는 헌트를 플레이보이로, 라우다를 독설가로 묘사하고 있는데 이는 실제 인물들의 성격을 반영한 것이다. 각본가는 니키 라우다 선수와의 인터뷰를 바탕으로 이야기를 써내려 갔으며, 배우 역시 오스트리아식 억양을 익히고 특유의 구강구조까지 표현하면서 디테일을 완성했다.

F1에서 매 그랑프리마다 1위, 2위를 다투던 두 사람은 독일 뉘르부르크링 그랑프리에서 만나게 된다. 거센 비가 내리던 그날, 라우다는 위험하다며 경기 취소를 요청하지만 헌트가 다른 레이서들을 자극하면서 경기는 강행된다. 결국 라우다는 불의의 사고를 당하게 되고, 불길에서 극적으로 구조되지만 이미 전신에 3도 화상, 골절, 폐손상을 입은 뒤였다.

비록 큰 부상을 입었지만 라우다는 자신의 라이벌 헌트의 경기를 지켜보며 삶의 의지를 불태웠다. 헌트가 자신이 빠진 자리에서 포인트를 쌓으며 점점 우승에 다가서고 있었기 때문이다. 라우다는 완치되기도 전에 F1으로 복귀해서 4위로 결승선을 통과하는 기적을 만들어냈다. 그리고 마지막 경기인 일본 그랑프리. 폭우 속에서 라우다는 사랑하는 가족을 생각하며 레이싱을 포기하고, 헌트는 3위를 기록하며 1976년 F1 월드 챔피언에 등극한다. 두 사람의 최종 점수는 겨우 1점 차이였다.

포뮬러 원의 기원

F1의 포뮬러(Formula)는 '규격'이라는 의미로, 바퀴가 노출되는 1인승 경주용 차량의 규격을 말한다. F1의 기원은 1906년 프랑스 오토모빌 클럽이 주최한 프랑스 그랑프리로 거슬러 올라간다. 당시 경기장은 한 바퀴가 150㎞에 이를 정도로 길었으며, 32개 팀이 치열한 경주를 벌였다. 이후 자동차 경주는 유럽 전역으로 퍼져나가며 여러 그랑프리가 생겨났고, 각국의 자동차 메이커들이 경쟁적으로 참여하면서 크게 확대되었다.

2차 세계대전이 끝나자 1947년 세계자동차연맹(FIA)이 정식으로 발족되었고 FIA는 모든 그랑프리를 통합하는 새로운 규정, 즉 F1을 제정했다. 그리고 유럽 전역에서 산발적으로 열리던 그랑프리를 하나의 카테고리로 통합해 1950년 영국 실버스톤에서 첫 번째 F1 그랑프리를 개최하였다. F1 초창기에는 페라리, 마세라티 등 이탈리아 팀이 강세를 보였고, 1960년대에 들어서는 로터스, 브라밤 등 영국 팀들이 두각을 드러냈다. 1974년에는 맥라렌이라는 명문팀이 탄생했는데 영화 속 주인공 제임스 헌트 역시 맥라렌 소속이었으며, 그의 라이벌 니키 라우다는 페라리 소속이었다.

자동차 기술과 문화의 결정체

F1 머신은 현대 자동차 기술의 정점에 서있다. 가장 많은 우승을 기록한 페라리는 F1에 출전할 자금을 마련하기 위해 자동차 판매를 시작했을 정도로 레이싱에 뿌리를 둔 대표적인 자동차 회사다. 그밖에도 르노, 혼다 등 여러 자동차 기업들이 기술력을 확보하고 이미지를 홍보하기 위해 F1에 뛰어든다. 2010년 F1 코리아 그랑프리 개최와 함께 국내에서도 모터스포츠에 대한 관심이 높아졌다. 코리아 그랑프리는 2013년까지 매년 개최되었으나 2014년 대회 일정이 앞당겨지고, 개최 권료 협상 과정에 문제가 발생하면서 현재는 개최가 중단된 상태다.

F1은 자동차 기술과 자동차 문화가 함께 진화하며 만들어낸 결과물이다. 따라서 제조사에서 고성능의 자동차를 제작하는 것 못지않게 소비자들도 자동차의 역사, 기술, 디자인 등에 관심을 갖고 즐기는 문화가 필요하다. 자동차를 그저 이동수단으로만 생각한다면 모터스포츠의 발전은 요원할 수밖에 없다. 차와 교통수단에 대한 사람들의 인식과 문화가 다양해질 때 F1은 다시 우리나라에서 우렁찬 엔진음을 들려줄 수 있을 것이다.

F1은 자동차 기술과 자동차 문화가 함께 진화하며 만들어낸 결과물이다.

부모와 아기를 위한
교통수단

세르게이 에이젠슈타인 감독이 1925년에 제작한 〈전함 포템킨〉은 영화의 역사를 논할 때 빠지지 않고 언급되는 작품이다. 서로 다른 컷들을 충돌시켜 새로운 의미를 만들어내는 '몽타주' 기법이 정교하게 구현된 첫 사례이기 때문이다. 영화는 1905년 제정 러시아에서 실제로 일어났던 선상 반란 사건을 다룬다. 훗날 볼셰비키 혁명의 도화선이 된 사건으로 에이젠슈타인 감독은 이 사건의 20주년을 기념해 영화 〈전함 포템킨〉을 제작했다.

전체 5장으로 구성된 이 작품에서 가장 유명한 장면이자 몽타주 기법의 진수를 보여주는 부분은 제4장 '오데사의 계단'이다. 포템킨의 수병들을 환영하기 위해 모인 시민들을 차르의 군대가 무자비하게 진압하는 시퀀스다. 이 오데사의 계단 중에서도 가장 인상적인 장면을 꼽는다면 아마도 유모차가 계단 아래로 위태롭게 굴러가는 장면일 것이다.

차르의 군대가 시민들을 학살하는 과정에서 한 여자가 총격을 당한다. 여자는 바닥으로 쓰러지는 과정에서 자신의 아이가 탄 유모차를 밀게 되고, 이후 유모차는 계단 아래를 향해 덜컹덜컹 움직이기 시작한다. 유모차가 흔들리며 전진하는 장면, 아이가 유모차 안에서 우는 장면, 군인들이 시민들을 공격하는 장면, 소리를 지르는 사내의 얼굴 등 여러 컷들이 절묘하게 편집되면서 만들어내는 긴장감은 그야말로 '몽타주'의 교과서라고 할 수 있다. 이 유모차 신은 〈언터처블〉 등 이후 수많은 영화에서 오마주 형식으로 차용되기도 했다.

장난감에서 출발한 유모차

〈전함 포템킨〉에 등장한 유모차는 오늘날 유모차와는 그 생김새가 많이 다르다. 바구니에 커다란 네 개의 바퀴가 달려 있는 모습은 마치 작은 수레를 연상시킨다. 20세기 초 무성영화에 유모차가 대중 상품으로 등장하는 것을 보면 유모차의 역사는 이보다 훨씬 오래된 것으로 추정할 수 있다.

기록에 따르면 최초의 유모차는 1733년 영국의 조경가이자 건축가인 윌리엄 켄트(William Kent)에 의해 만들어졌다고 한다. 손재주가 탁월했던 그는 한 귀족으로부터 아이들의 장난감을 만들어달라는 부탁을 받고, 조개 모양의 수레를 만들었다. 켄트는 원래 이 수레를 망아지나 개가 끌고 다닐 수 있도록 설계하였으나 실제로는 집안에서 아이를 데리고 노는 장난감 겸 놀이기구로 사용되었다.

비록 용도는 다르지만 아이가 탈 수 있는 형태를 갖췄다는 점에서 이 장난감 수레가 역사상 최초의 유모차로 기록되고 있다. 귀족의 집에서 사용한다는 소문이 퍼지면서 유모차는 당시 부자들 사이에서 큰 인기를 누렸다. 이처럼 최초의 유모차는 귀족 아이들의 장난감으로 시작되었다. 당연히 평민들은 사용할 수 없었고, 대량생산이 아니었기 때문에 쉽게 구할 수도 없었다.

대량생산과 대중화의 시작

귀족들의 전유물이었던 유모차를 본격적으로 상품화한 인물은 미국의 벤자민 크랜들(Benjamin Crandall)이었다. 그는 1830년대부터 '최초의 유아용 차'라는 광고를 내걸고 미국에서 유모차를 판매하기 시작했다. 상품화가 진행되면서 유모차 역시 진화했다. 크랜들의 아들은 사람이 끌 수 있도록 손잡이를 부착시키는 등 여러 부분을 개선하면서 수많은 특허를 내기도 했다. 1848년 미국의 찰스 버튼(Charles Burton)은 좌석부가 앞으로 기울어지지 않도록 설계한 목제 유모차를 만들었다. 그는 훗날 영국으로 이주하여 유모차 공장을 세우고, 영국 · 에스파냐 왕실용 유모차를 만들었는데, 이것은 점차 일반인들에게도 보급되기 시작했다.

유모차의 인기에 결정적인 영향을 미친 인물은 영국의 빅토리아 여왕으로 알려져 있다. 여왕이 손으로 미는 유모차를 구입했다는 소식이 알려지면서 유모차 주문이 폭주했던 것. 한편 자유자재로 조작할 수 있는 현대적 유모차의 전신은 1889년 윌리엄 리처드슨(William. Richardson)에 의해 탄생했다. 그는 손잡이를 자유자재로 회전시킬 수 있는 특수한 이음새를 만들고, 바퀴 축을 개량해 각 바퀴들이 개별적으로 회전할 수 있게 만들었다. 그가 개발한 요소들은 현재의 유모차에도 두루 적용되고 있다.

태어나서 처음 만나는 교통수단

최초의 유모차가 탄생한 이래로 여러 기술적 보완이 있었지만 크고 무겁다는 사실에는 변함이 없었다. 〈전함 포템킨〉에서 계단 아래로 굴러가던 유모차처럼 말이다. 하지만 오웬 맥클라렌(Owen Maclaren)이 개발한 유모차는 달랐다. 은퇴한 항공기술자였던 그는 딸을 데리고 여행을 하던 중 무거운 유모차 때문에 큰 불편을 겪었고, 자신이 직접 가볍고 휴대성이 뛰어난 유모차를 만들어보기로 했다. 맥클라렌은 가벼운 알루미늄을 유모차의 뼈대로 사용해 무게를 크게 줄였고, 우산처럼 접을 수 있도록 설계하여 휴대성을 극대화시켰다. 이렇게 해서 탄생한 맥클라렌의 유모차는 한 손으로도 간단하게 접을 수 있어 많은 부모들의 호응을 얻었다. 1965년 특허를 취득한 맥클라렌은 회사를 설립해 전 세계에 자신의 유모차를 판매하기 시작했다. 맥클라렌 유모차는 오늘날까지도 유모차의 대표 브랜드로서 널리 사랑받고 있다.

태어나서 가장 처음 접하는 교통수단, 유모차. 이 작은 '차' 덕분에 많은 부모들이 아이와 함께 보다 편하게 먼 거리를 이동할 수 있게 되었다. 어쩌면 유모차는 사람과 사람을 이어주는 교통수단의 본질이 가장 잘 녹아 있는 발명품일지도 모른다.

태어나서 가장 처음 접하는 교통수단인 유모차는
사람과 사람을 이어주는 교통수단의 본질이 가장 잘 녹아 있는 발명품일지도 모른다.

닿고 싶은 마음을
노래하다

가요를 듣다보면 제목이나 가사에 탈것들이 자주 등장한다. 기차, 자동차, 비행기까지 그 종류도 제각각인데, 대중음악 속에 표현된 교통수단들은 대부분 상징적인 의미를 담고 있다. 누군가에게 가고 싶다는 혹은 닿고 싶다는 마음이다. 가만히 노래를 듣고 있다 보면 교통수단이라는 것도 결국 사람의 마음을 이어주는 도구라는 생각이 든다. 1990년대 이른바 'X세대'를 대표하던 가수 015B의 세 번째 앨범에 수록된 노래 〈수필과 자동차〉에서 '자동차'는 조금 특별한 의미를 담고 있다.

"영화를 보곤 가난한 연인 사랑 얘기에 눈물 흘리고 순정만화의 주인공처럼 되고파 할 때도 있었지. 이젠 그 사람의 자동차가 무엇인지 더 궁금하고 어느 곳에 사는지 더 중요하게 여기네. …(중략)… 버스 정류장 그 아이의 한 번 눈길에 잠을 설치고 여류작가의 수필 한 편에 설레어 할 때도 있었지. 이젠 그 사람의 아버지가 누구인지 더 궁금하고 해외여행 가봤는지 중요하게 여기네."

어렸을 때 다양한 꿈을 갖고 살아가던 사람들이 시간이 흐르면서 물질적인 것만 바라보게 된다는 내용이다. '수필'은 과거 어린 시절의 꿈과 열정, '자동차'는 지금의 세속적인 마음을 상징한다. 우리는 세월이 흘러갈수록 과거의 순수했던 마음을 잊고 현실적인 인간이 되어간다. 노래 제목이나 멜로디는 마치 한 편의 동화 같은 느낌이지만 실제로는 현대사회의 물질만능주의를 날카롭게 비판하고 있는 셈이다. 그리고 〈수필과 자동차〉로부터 20년이 훨씬 지난 지금, 우리는 예전보다 더욱 간절히 상대방의 '자동차'와 '사는 곳'을 궁금해 하고 있다.

옛 경춘선의 멋과 낭만

옛 경춘선에는 많은 사람들의 추억이 담겨 있다. 가평, 대성리, 강촌 등 수도권 대학들의 주요 MT 장소는 대부분 경춘선에 위치하고 있었다. 게다가 열차가 북한강을 끼고 달리기 때문에 창밖의 풍경도 그 어느 철도보다 아름답다. 이런 이유로 경춘선은 오랫동안 낭만과 청춘의 대명사였고, 주말마다 청량리역 앞에는 '춘천 가는 기차'를 타기 위해 모인 사람들로 가득했다. 2010년 복선전철화와 함께 전철이 개통되면서 보다 편리해진 것은 사실이지만 옛 경춘선의 멋과 낭만이 사라졌다며 아쉬워하는 사람들이 많다. 열차라는 것이 단순히 빨리 가기 위한 이동수단만은 아니라는 얘기다.

과거 젊은이들은 춘천 가는 기차에서 추억을 만들었다. 특히 사랑하는 사람이 생기면 약속이나 한 것처럼 함께 춘천으로 떠났다. 가수 김현철 역시 그런 경험이 있었고, 그때와 지금의 마음을 노래로 풀어낸 것이 바로 〈춘천 가는 기차〉라고 한다. 사랑하는 사람과 경춘선을 타고 여행을 떠나본 적이 있다면 아마 첫 소절만 들어도 가슴이 벅차오를 것이다. 노래에는 옛 사랑의 풋풋함과 설렘 그리고 아쉬움이 담겨 있다.

"춘천 가는 기차는 나를 데리고 가네. 오월의 내 사랑이 숨 쉬는 곳. 지금은 눈이 내린 끝없는 철길 위에 초라한 내 모습만 이 길을 따라가네. 그리운 사람."

꿈꾸는 것이 이뤄지는 행복한 순간

거북이의 〈비행기〉는 제목 그대로 난생 처음 비행기를 타면서 느낀 설렘을 담은 곡이다. 마치 하늘을 훨훨 날아갈 것 같은 신나는 멜로디가 인상적이다. 요즘은 '댄스 가수=아이돌'이라는 것이 공식처럼 되어 버렸다. 하지만 2000년대만 해도 다양한 장르를 소화하는 독특한 색깔의 댄스 가수들이 여럿 있었다. 거북이는 2000년대 초중반에 걸쳐 여러 히트곡을 남긴 혼성그룹이다. 1집에서는 과거 운동권 노래였던 〈사계〉를 리메이크해서 부르기도 했으며, 2집 타이틀곡 〈왜 이래〉, 3집 타이틀곡 〈빙고〉, 4집 타이틀곡 〈비행기〉 등은 지금도 라디오에서 종종 들려온다. 특히 〈비행기〉는 2006년 당시 데뷔 5년 만에 첫 1위를 기록한 거북이의 대표곡으로써 터틀맨의 구성진 랩과 두 여자 보컬의 시원하게 뻗는 고음이 돋보인다. 이 노래는 빠른 리듬의 댄스곡이라서 가사를 천천히 음미하는 곡은 아니지만 자세히 살펴보면 비행기를 타기 직전의 두근거리는 순간을 재미있게 묘사하고 있다.

"파란 하늘 위로 훨훨 날아가겠죠. 어려서 꿈꾸었던 비행기 타고 기다리는 동안 아무 말도 못해요. 내 생각 말할 순 없어요."

아이들에게 비행기는 먼 세상으로 떠나는 특별한 탈것이다. 하늘을 날아서 바다를 건너는 비행기는 자동차나 기차와는 전혀 다른 존재다. 과거에는 요즘처럼 쉽게 탈 수도 없었다. 꿈꾸던 일이 눈앞의 현실이 될 때 그 기쁨이란 이루 말할 수 없을 것이다. 이 노래에서 '비행기'는 오랜 시간 꿈꿨던 것이 이뤄지는 행복한 순간을 의미한다.

여러 히트곡을 남기면서 독특한 행보를 이어나가던 거북이는 안타깝게도 2008년 리더인 터틀맨 임성훈이 병으로 세상을 뜨면서 공식적으로 해체를 선언했다. 거북이의 갑작스런 해체는 아이돌 산업이 급격하게 성장하던 시점과 맞물리면서 아쉬움을 더한다. 거북이의 느리고 우직한 걸음보다는 토끼의 재빠르고 민첩한 달리기가 어느덧 가요 시장을 장악했다. 비슷한 노래들이 유행에 따라 빠르게 스쳐간다. 그러나 좋은 노래는 속도에 관계없이 언제든 사랑받는 법이다. 거북이는 걸음을 멈췄지만 그들의 노래는 여전히 비행기를 타고 사람들의 마음 속으로 날아가고 있다.

대중음악 속에 표현된 교통수단들은 대부분 상징적인 의미를 담고 있다.
누군가에게 가고 싶다는 혹은 닿고 싶다는 마음이다.

미래는 이미
우리 곁에 와 있다

SF 영화에는 다양한 미래의 자동차들이 등장한다. 하늘을 날아다니는 자동차도 있고, 사람이 운전하지 않아도 자동으로 움직이는 자동차도 있다. 이런 영화적 상상력은 시간이 흐르면서 점차 현실이 되어가고 있다.

〈전격Z작전〉은 1980년대 후반 청소년들 사이에서 인기 있던 외화 시리즈였다. 이 작품에는 '키트'라는 지능형 자동차가 등장한다. 키트는 주인의 말을 알아들을 뿐 아니라, 위험에 처했을 때 스스로 판단하여 주인을 보호하고 위기 탈출을 돕는 등 인공지능 프로그램이 내장된 슈퍼카다. 평소 주인공 마이클과 농담을 나누는 수준을 보면 아무래도 꽤 정교한 인공지능이 탑재된 것 같다. 당시 제작진이 생각한 첨단 자동차는 뛰어난 성능이 아닌, 사람 없이도 움직일 수 있는 일종의 자율주행 자동차가 아니었을까 싶다. 똑똑한 컴퓨터를 자동차 안에 장착하면 사람이 운전하지 않아도 정확한 주행이 가능할 것이라 생각했던 것이다.

2012년에 등장한 영화 〈토탈 리콜〉에서는 아예 인간과 비슷하게 생긴 로봇을 운전석에 앉혀놓았다. 이 영화에는 가상현실, 홀로그래픽 등 각종 과학기술이 등장하는데 그중 하나가 로봇이 운전하는 택시다. 로봇은 탑승한 손님에게 "어디로 모실까요?"라고 물은 뒤 스스로 최적의 코스를 선택해 목적지까지 운전한다. 로봇의 운전은 철저하게 안전 중심이다. 그래서 마음이 급한 주인공은 규정 속도를 지키며 운행하는 로봇을 밀어내고 직접 '수동 모드'로 거칠게 차를 운전하기도 한다. 인위적으로 사람이 개입하도록 만든 것을 보면 완벽한 자율주행 자동차는 아닌 듯하다.

하늘을 나는 자동차

하늘을 나는 자동차도 SF 영화의 단골 소재다. 뤽 베송 감독의 〈제5원소〉에서는 비행 자동차가 높은 건물 사이를 날아다닌다. 이 영화의 배경은 서기 2259년의 뉴욕. 수많은 자동차들이 지상의 도로가 아닌 상공을 질주하는 모습은 당시 관객들에게 시각적 충격을 주었다. 영화가 시작되면 실험실에서 깨어난 소녀가 바깥으로 탈출하다가 고층 건물에서 떨어진다. 그녀는 우연히 전직 연방요원이 운전하는 에어 캡, 즉 하늘을 나는 택시 안으로 뛰어들고, 비행 택시는 혼잡한 뉴욕의 마천루 사이를 빠른 속도로 날아다닌다.

그저 영화 속 이야기일 뿐이라고 생각하겠지만 하늘을 나는 자동차는 실제로 개발이 진행되고 있다. 미국의 테라푸지아(Terrafugia)는 비행자동차 'TF-X'를 준비하고 있으며, 슬로바키아 회사인 에어로모빌(AeroMobil) 역시 2017년 '에어로모빌 4.0'을 공개하고 예약 접수까지 진행했다. 에어로모빌은 200m 정도의 활주로만 마련되면 이륙이 가능하다. 이륙을 위해서는 시속 130㎞까지 속도를 내야 하는데 차량 뒤에 프로펠러를 부착해 비행 시 동력을 얻는다. 자동차 모드에서 비행기 모드로 바뀌는 데 걸리는 시간은 약 3분 정도. 최고 속도는 차량 주행 기준으로 시속 160㎞이며, 비행 모드에서는 시속 360㎞ 속도를 낼수 있다. 이미 유럽에선 비행 허가 취득까지 마쳤으며, 향후 미국이나 중국 시장에도 진출할 계획이라고 한다.

시스템이 통제하는 무인자동차

톰 크루즈 주연의 〈마이너리티 리포트〉는 2054년의 미래를 배경으로 한다. 살인을 예언하는 시스템을 활용해 범죄자를 미리 체포한다는 설정은 황당하지만 영화에 등장하는 자동차들은 꽤 현실적으로 묘사되어 있다. 스티븐 스필버그 감독은 그럴싸한 미래 모습을 보여주기 위해 많은 공을 들였다. 실제로 이 영화에서 주인공 앤더슨이 허공에 스크린을 띄워서 자유자재로 범죄자들을 검색하는 모습이 등장하는데, 손가락으로 화면을 조작하는 이 유명한 장면은 현재 스마트폰 터

치스크린의 조작 방식과 유사하다. 영화가 미래의 현실에 영감을 준 셈이다.

교통수단에 대한 묘사도 꽤 사실적이다. 〈마이너리티 리포트〉에서 도시는 완벽한 교통통제시스템 아래 작동된다. 자기부상으로 작동하는 자동차는 바퀴와 운전대가 없다. 목적지를 입력하면 통제시스템에 의해 일정한 속도로 자동 운행되며, 모든 자동차가 일정한 간격을 두고 정확하게 통제되어 움직인다. 자동차는 주차장이 아닌 집 안으로 들어가는데, 건물의 벽을 타고 올라가 원하는 장소에 멈춘다. 벽을 오르내릴 때는 실내공간이 자동으로 수평을 유지하기 때문에 탑승자가 굴러 떨어질 염려는 하지 않아도 된다. 집 안에 주차를 마치면 지붕 위의 태양열 전지를 이용해 충전을 하고 컴퓨터가 차의 상태를 자동으로 점검한다. 그야말로 사람의 손을 완전히 떠나버린 자율주행 자동차의 이상적인 모습이다.

영화 속 미래가 현실이 되다

자동차 기술은 지속적으로 발전하고 있다. 현 시점에서 미래 자동차 기술의 핵심은 친환경과 자율주행이다. 하늘을 나는 것은 아직 많은 시간이 걸리겠지만 자율주행 자동차는 이제 거의 상용화 단계까지 왔다. 자율주행 자동차는 운전자의 개입 없이 주변 환경을 인식하고, 주행 상황을 판단해 차량을 제어함으로써 스스로 목적지까지 주행하는 자동차를 말한다. 제대로 보급된다면 교통사고를 줄이고 교통 효율성을 높이는 한편, 연료까지 절감할 수 있다.

다만 자율주행을 실현하기 위해서는 몇 가지 기술적 요소가 충족되어야 한다. 우선 차량이 주변 환경을 인지할 수 있어야 한다. 레이더나 카메라 같은 센서를 사용해 전방의 장애물이나 차선, 도로표시 등을 정확히 인식하는 것이 관건이다. GPS 등을 활용한 위치 인식 기술도 필요하며, 다양한 상황을 판단해 적절하게 처리할 수 있는 기술도 필요하다. 현재는 몇 가지 기술들이 상용차에 적용되어 인간의 개입을 최소화시키고 있다. 센서를 브레이크와 연동시켜 앞차와의 거리를 자동으로 조절하거나 차선을 이탈하지 않도록 제어한다. 운전자는 그만큼 편하게 운전할 수 있다.

전문가들은 이미 기술적으로는 무인자동차가 충분히 가능하다고 말한다. 다만 무인자동차 시대를 가로막는 것은 신뢰성과 안전성이다. 기계에 모든 것을 맡겼을 때 과연 안전한 주행이 가능할까? 어쩌면 사람들의 인식을 바꾸는 것이 기술이나 경제성보다 더 어려운 장벽일지도 모른다. 윌리엄 깁슨의 말처럼 미래는 이미 우리 곁에 와 있다. 다만 널리 퍼져 있지 않을 뿐이다.

자동차 기술은 지속적으로 발전하고 있으며
현 시점에서 미래 자동차 기술의 핵심은 친환경과 자율주행이다.

얄팍한 교통인문학

참고문헌

• 단행본

기욤 드 시옹, 『비행선, 매혹과 공포의 역사』, 마티, 2005.

데이바 소벨 · 윌리엄 앤드류스, 『경도: 해상시계 발명이야기』, 생각의나무, 2002.

데이비드 앤서니, 『말, 바퀴, 언어』, 에코리브르, 2015.

데이비드 V. 헐리히, 『세상에서 가장 우아한 두 바퀴 탈것』, 알마, 2008.

로버트 프로스트 외, 『가지 않은 길』, 창비, 2014.

로버트 M. 피어시그, 『선과 모터사이클 관리술: 가치에 대한 탐구』, 문학과지성사, 2010.

로제 폴 드루아, 『걷기, 철학자의 생각법』, 책세상, 2017.

리베카 솔닛, 『걷기의 인문학』, 반비, 2017.

리처드 불리엣, 『바퀴, 세계를 굴리다』, Mid, 2016.

리처드 포스터 · 사라 캐플런, 『창조적 파괴』, 21세기북스, 2010.

마크 레빈슨, 『더 박스: 컨테이너는 어떻게 세계 경제를 바꾸었는가』, 청림출판, 2017.

빌 로스, 『철도, 역사를 바꾸다』, 예경, 2013.

생텍쥐페리, 『어린왕자』, 문예출판사, 2007.

스티븐 존슨, 『우리는 어떻게 여기까지 왔을까』, 프런티어, 2015.

시오노 나나미, 『로마인 이야기 1』, 한길사, 1995.

아라이 료지, 『버스를 타고』, 보림, 2007.

알랭 드 보통, 『공항에서 일주일을: 히드로 다이어리』, 청미래, 2010.

야마구치 카츠미, 『마이 페이버리트 바이크 1』 학산문화사, 2004

이언 게이틀리, 『출퇴근의 역사』 책세상, 2016.

일본 해외철도기술협력협회, 『세계의 철도』 매일경제신문사, 2011

장 보드리야르, 『시뮬라시옹』 민음사, 2001.

카를로 마리아 치폴라, 『시계와 문명』 미지북스, 2013.

톰 밴더빌트, 『트래픽』 김영사, 2009.

헤더 안트 앤더슨, 『아침식사의 문화사: Breakfast』 니케북스, 2016.

헨드릭 빌렘 반 룬, 『배 이야기: 인간은 어떻게 7대양을 항해했을까?』 아이필드, 2006.

강준만, 『미국사 산책 2: 미국의 건국과 명백한 운명』 인물과사상사, 2010.

강준만, 『미국사 산책 4: 프런티어의 재발견』 인물과사상사, 2010.

김은규, 『라디오 혁명』 커뮤니케이션북스, 2013.

김우성, 『50개의 키워드로 읽는 자동차 이야기』 미래의창, 2015.

남 표, 『라디오 수신기의 역사』 커뮤니케이션북스, 2013.

박흥수, 『달리는 기차에서 본 세계』 후마니타스, 2015.

송병건, 『세계화의 풍경들』 아트북스, 2017.

신경림, 『낙타』 창비, 2008.

이은경, 『시계, 남자를 말하다』 책이있는풍경, 2014.

이재규, 『미래는 어떻게 오는가』 21세기북스, 2012.

이진경, 『근대적 시공간의 탄생』 푸른숲, 2002.

이태원, 『비행기 이야기』 기파랑, 2010.

조성면, 『질주하는 역사, 철도』 한겨레출판, 2012.

주경철, 『문명과 바다: 바다에서 만들어진 근대』 산처럼, 2009.

최영수, 『면세점 이야기: 쇼핑, 관광, 한류의 최전선』 미래의창, 2013.

허두영, 『명품 불변의 법칙』 들녘, 2018.

홍익회, 『홍익회의 유대인경제사 6』 한스미디어, 2016.

황동규, 『나는 바퀴를 보면 굴리고 싶어진다』 문학과지성사, 1994.

・신문, 잡지, 웹사이트

김기석, "1000자 경제학: 기내식의 역사", 『파이낸셜뉴스』, 2016. 1. 10.

김기태 · 김선웅, "안전벨트보다 먼저 나온 에어백 … 생명 구하는 골든타임 0.03초", 『중앙일보』, 2016. 1. 29.

김영우, "IT강의실: 사고의 경위를 분석하는데 쓰인다, 블랙박스", 『IT동아』, 2015. 7. 27.

류 민, "자동차 역사에 한 획을 그은 나라: 프랑스 자동차 이야기", 『현대모비스 HMG JOURNAL』, 2017. 10. 18.

목정민, "어제의 오늘: 1974년 서울지하철 1호선 개통", 『경향신문』, 2011. 8. 14.

박계향, "비행선, 인류 최초의 동력 비행체", 『동아사이언스』, 2003. 2. 18.

박영욱, "하이데거: 고흐의 구두는 세계를 담고 있다", 『중앙일보』, 2014. 6. 30.

박종제, "운전면허 시험에 토론과 발표가? 세계 각국의 독특한 면허 취득법", 『Kixx Engine Oil 블로그』, 2016. 10. 26.

박종화, "유모차가 본래는 아이들 장난감 이었다", 『시선뉴스』, 2015. 12. 23.

서동민, "디지털 노마드의 필수 길라잡이: 내비게이션", 『IT동아』, 2010. 11. 12.

손성진, "20여 년 동안 서민과 함께했던 버스 쇠표, 토큰", 『조선닷컴』, 2013. 2. 13.

안광호, "자동차대백과 42: 차량용 블랙박스(EDR)", 『경향신문』, 2011. 7. 22.

윤민용, "어제의 오늘: 1844년 찰스 굿이어, 고무가황법 발명", 『경향신문』, 2011. 6. 14.

이강필, "타이태닉호 침몰 그 이후: 과학기술에 도취된 인간의 자만심", 『과학동아』, 1996년 10호.

이다일, "자동차대백과: 안전벨트의 역사", 『경향신문』, 2010.11.5.

이상덕, "자동차용 블랙박스 나왔다: 현대차 사내벤처 1호 에이치케이카 개발", 『매일경제』, 2007. 10. 14.

이은주, "한 시간에 쌀 한 가마니… 경성 1%의 특권, 택시", 『서울신문』, 2017.10.20.

이 웅, "열차 얼마나 빨리 달릴 수 있나?", 『한국과학기술인연합 과학기술칼럼』, 2004. 4. 30.

이정일, "제로백 2.4초, 대당 100억원: 숫자로 보는 F1", 『아시아경제』, 2012. 2. 21.

이희욱, "트렌드: 세계 최초의 내비게이션", 『블로터』, 2008. 10 10.

임동욱, "하늘로 사람을 올려 보낸 최초의 인물, 몽골피에", 『한겨레신문』, 2011. 11. 14.

전인호, "탑승자 안전의 산타클로스, 닐스 볼린의 3점식 안전벨트", 『오토뷰』, 2017. 12. 19.

조경원, "미래의 운송수단: 자율주행차 딜레마", 『포브스』, 2017. 9. 23.

조득진, "퍼스널 모빌리티 시장 쑥쑥 크는데", 『이코노미스트』, 1382호, 2017. 5. 1.

조홍섭, "'마지막 야생마' 프르제발스키말…가축의 후손이었다", 『애니멀피플』, 2018. 2. 23.

주영재, "인류 직립보행은 지각변동 때문", 『경향신문』, 2013. 5. 27.

채명석, "배 이야기: 타이타닉호 덕분에… 해상안전강화", 『아시아경제』, 2010. 7. 31.

채영석, "세계 최초: 최초의 신호등", 『글로벌오토뉴스』, 2004. 8. 10.

최성우, "증기기관 터 닦은 불운의 선구자들", 『사이언스 타임즈』, 2016. 2. 19.

한혜경, "모즈 vs 락커즈, 1964 브라이튼 대혈투", 『바이커즈랩』, 2013. 12. 18.

국토환경지식정보, 『국토환경정보센터 홈페이지』

밀레밀리아 히스토리, 『쇼파드 홈페이지』

비행기 블랙박스(비행기록장치) 알아보기, 『블루엣지 항공블로그』

사진! 대학민국!: 대한민국 사람들의 사진 속 생활 역사, 『국가기록원 홈페이지』

석유바로알기, 『대한석유협회 홈페이지』

신호등 발명 100년, 얼마나 알고 계세요?, 『스케치북다이어리』, 2014. 8. 4.

어뢰로부터 얻은 아이디어 에어백(Airbag), 『현대모비스 미디어센터』, 2017. 6. 21.

에키벤(역에서 판매하는 도시락): 동일본편, 『att.JAPAN』, 2018. 2. 21.

오토캠핑 역사, 『오토캠핑 홈페이지』

우리 하늘 이야기, 『국토교통부 어린이 · 청소년마당 홈페이지』

자동차 안전장치의 역사 훑어보기, 『쉐보레 공식 블로그』, 2016. 10. 5.

콜맨의 역사, 『콜맨 홈페이지』

항공역사, 『국토교통부 항공정보포털시스템 홈페이지』

얄팍한
교통인문학

초판 1쇄 인쇄 2018년 11월 22일
　　　발행 2018년 11월 29일

지은이 이상우　**펴낸곳** 크레파스북　**펴낸이** 장미옥

기획·정리 표수재　**디자인** 디자인크레파스　**일러스트** 김지혜

출판등록 2017년 8월 23일 제2017-000292호
주소 서울시 마포구 성지길 25-11 오구빌딩 3층
전화 02-701-0633　**팩스** 02-717-2285　**이메일** crepas_book@naver.com
인스타그램 www.instagram.com/crepas_book
페이스북 www.facebook.com/crepasbook
네이버포스트 post.naver.com/crepas_book

ISBN 979-11-89586-01-0　정가 14,000원
© 이상우, 2018

이 도서의 국립중앙도서관 출판예정도서목록(CIP)은 서지정보유통지원시스템 홈페이지(http://seoji.nl.go.kr)와
국가자료공동목록시스템(http://www.nl.go.kr/kolisnet)에서 이용하실 수 있습니다. (CIP제어번호 : CIP2018036237)